能源资源经济与管理系列教材

矿产经济与贸易
KUANGCHAN JINGJI YU MAOYI

洪水峰　倪　琳　李奇明　张晓军　王来峰　**等编著**

图书在版编目(CIP)数据

矿产经济与贸易/洪水峰等编著.—武汉：中国地质大学出版社，2024.7
ISBN 978-7-5625-5872-9

Ⅰ.①矿⋯　Ⅱ.①洪⋯　Ⅲ.①矿产经济　②矿产-工业产品-国际贸易-研究-中国
Ⅳ.①F407.1　②F752.654

中国国家版本馆 CIP 数据核字(2024)第 104462 号

矿产经济与贸易	洪水峰　倪　琳　李奇明　张晓军　王来峰　等编著	
责任编辑：张玉洁		责任校对：何澍语
出版发行：中国地质大学出版社(武汉市洪山区鲁磨路388号)		邮政编码：430074
电　　话：(027)67883511	传　　真：67883580	E-mail：cbb@cug.edu.cn
经　　销：全国新华书店		https：//cugp.cug.edu.cn
开本：787mm×1092mm 1/16		字数：248千字　　印张：11
版次：2024年7月第1版		印次：2024年7月第1次印刷
印刷：湖北金港彩印有限公司		
ISBN 978-7-5625-5872-9		定价：58.00元

如有印装质量问题请与印刷厂联系调换

前　言

矿产资源是人类社会经济发展的重要物质基础,在全球经济体系中扮演着举足轻重的角色。矿产资源的开采、加工、贸易等环节,不仅关系到国家经济的稳定与增长,也影响着国际政治与经济格局的演变。因此,深入研究和理解矿产经济与贸易的运作机制、发展趋势及面临的挑战,对于促进资源型产业的可持续发展、推动全球经济的繁荣与稳定具有重要意义。

本教材旨在为读者提供一套全面、系统、深入的矿产经济与贸易知识体系,通过梳理矿产资源的类别、分布及特征,分析矿产资源的供给、需求、市场及评价,探讨矿产资源的投资与贸易、定价机制及管理,使读者能够全面了解矿产经济与贸易的基本框架和核心内容。

在编写过程中,我们注重理论与实践的结合,既介绍了矿产经济与贸易的基本理论和方法,也结合了大量的实际案例和数据,使读者能够深刻理解矿产经济与贸易的运作机制和实际应用。同时,我们也关注矿产经济与贸易的前沿动态和发展趋势,介绍了最新的研究成果和实践经验,使读者能够紧跟时代步伐,掌握最新的知识和信息。

本书可供高等院校经济与管理各专业本科生、硕士研究生及相关研究机构从业人员学习参考之用。我们希望通过这本教材,为读者打开一扇通往矿产经济与贸易领域的大门,让读者在掌握基本知识和理论的基础上,灵活运用所学知识解决实际问题。

本书的出版得到了中国地质大学(武汉)本科生教学改革研究项目的资助。各章节写作分工如下:第一章,洪水峰、湛嫚;第二章,张晓军、刘航;第三章,倪琳、朱益冰;第四章,倪琳、许芷鸥;第五章,洪水峰、司超凡;第六章,李奇明;第七章,洪水峰、刘琬君;第八章,洪水峰、韩艳文;第九章,洪水峰、叶月新;第十章,王来峰、刘颜、陈妍。全书由洪水峰负责统稿。

在本书的编写过程中,我们得到了许多专家学者的支持与帮助,他们的研究成果和资料为我们的编写提供了宝贵的素材。在此,向他们表示衷心的感谢!同时,我们也期待广大读者在使用本教材的过程中能够提出宝贵的意见和建议,帮助我们不断改进和完善。

编著者

2024 年 5 月

目　录

第一章　绪　论 ··· 1
　第一节　矿产资源的概念及特征 ··· 1
　　一、矿产资源的概念 ··· 1
　　二、矿产资源的特征 ··· 2
　第二节　矿产资源与经济发展 ·· 3
　　一、采矿发展简史 ·· 3
　　二、矿业与经济发展 ··· 4
　第三节　矿产经济学的学科属性 ··· 5
　　一、研究对象与目的 ··· 5
　　二、研究内容 ·· 5
　第四节　基本分析方法 ··· 9
　　一、定性分析方法 ·· 9
　　二、定量分析方法 ·· 9

第二章　矿产资源分布 ··· 11
　第一节　全球主要矿产资源分布及特征 ·· 11
　　一、全球能源矿产分布及特征 ··· 11
　　二、全球金属矿产分布及特征 ··· 13
　　三、全球非金属矿产分布及特征 ·· 19
　第二节　中国主要矿产资源分布及特征 ·· 22
　　一、中国能源矿产分布及特征 ··· 22
　　二、中国金属矿产分布及特征 ··· 23
　　三、中国非金属矿产分布及特征 ·· 29

第三章 矿产资源供给 ·· 33

第一节 矿产资源供给概况 ··· 33
一、矿产资源供给的定义 ·· 33
二、中国矿产资源供给的特点 ·· 34
三、矿产资源可供性的评价方法 ··· 35

第二节 矿产资源供给的影响因素 ·· 37
一、地质因素 ·· 37
二、经济因素 ·· 38
三、技术因素 ·· 39
四、政治因素 ·· 39
五、生产者预期 ·· 40

第三节 中国矿产资源供给存在的问题与对策 ···································· 40
一、中国矿产资源供给存在的问题 ·· 40
二、解决矿产资源供给问题的对策 ·· 44

第四章 矿产资源需求 ·· 50

第一节 矿产资源需求概况 ··· 50
一、矿产资源需求的定义 ·· 50
二、矿产资源需求的类别 ·· 50
三、矿产资源需求的分析步骤 ·· 52
四、中国矿产资源的需求现状 ·· 53

第二节 矿产资源需求的演进规律 ·· 54
一、矿产资源需求波次递进规律 ··· 54
二、"S"形消费规律 ·· 55

第三节 矿产资源需求的预测方法 ·· 58
一、趋势外推法 ·· 58
二、时间回归法 ·· 59
三、类比预测法 ·· 61
四、回归分析预测法 ··· 62
五、弹性系数预测法 ··· 63
六、部门需求预测法 ··· 64

第五章 矿产资源市场 66
第一节 矿产资源市场概况 66
一、市场的分类 66
二、市场组织形式 67
第二节 矿产资源价格 69
一、矿产资源价格的定义 69
二、矿产资源价格的基本形式 70
三、矿产资源价格的主要影响因素 72
第三节 矿产资源价格的预测 73
一、基本概念 73
二、预测原则和流程 73
三、主要预测方法 74

第六章 矿产资源评价 77
第一节 矿产资源评价概况 77
一、矿产资源地质评价 77
二、矿产资源经济评价 78
三、矿产资源综合评价 79
第二节 矿床技术经济评价 80
一、评价原则和意义 80
二、技术经济评价的一般步骤 81
三、不同勘查阶段的矿床技术经济评价 82
四、矿床技术经济评价的影响因素 84
五、矿床技术经济评价的分类 87
六、不确定性分析 88
第三节 区域矿产资源经济评价 90
一、概述 90
二、区域矿产资源经济评价的影响因素 90
三、区域矿产资源经济评价的程序和方法 91
第四节 矿产资源综合评价 92
一、环境影响评价概述 93
二、矿产资源环境影响评价 93
三、矿产资源社会影响评价 95

第七章　矿产资源投资 ··· 99
第一节　矿产资源投资概况 ··· 99
一、矿产资源投资的概念 ·· 99
二、矿产资源投资的分类 ·· 99
三、矿产资源投资的特点 ·· 100
第二节　矿业投资的风险 ·· 101
一、矿业投资风险的来源 ·· 101
二、矿业投资风险的类别 ·· 101
三、海外矿业投资风险 ·· 104
四、矿业投资风险的管控 ·· 105
第三节　矿业投资的方式 ·· 106
一、国内矿业投资方式 ·· 106
二、海外矿产资源项目投资方式 ·· 107
第四节　矿业融资的方式 ·· 108
一、股权融资 ·· 108
二、债务融资 ·· 110

第八章　矿产资源贸易 ··· 112
第一节　矿产资源贸易概况 ··· 112
一、基本概念 ·· 112
二、矿产资源贸易风险 ·· 112
三、中国矿产资源贸易现状 ·· 113
第二节　矿产资源贸易方式 ··· 115
一、现货交易 ·· 115
二、期货交易 ·· 115
三、期现结合 ·· 116
第三节　矿产资源的数字贸易 ··· 116
一、内涵及特征 ··· 116
二、数字贸易平台 ·· 118
三、技术支撑 ·· 119

第九章　矿产资源定价机制 ·· 123
第一节　原油定价机制 ··· 123
一、原油定价机制的演变 ·· 123

二、原油定价机制的影响因素 …………………………………………… 126
　　三、中国原油定价机制 …………………………………………………… 127
第二节　天然气定价机制 ……………………………………………………… 128
　　一、天然气定价机制的演变 ……………………………………………… 128
　　二、主要的天然气定价机制 ……………………………………………… 129
　　三、天然气定价机制的影响因素 ………………………………………… 130
　　四、天然气定价机制的发展趋势 ………………………………………… 132
第三节　煤炭定价机制 ………………………………………………………… 133
　　一、全球煤炭定价机制 …………………………………………………… 133
　　二、煤炭定价机制的发展趋势 …………………………………………… 134
　　三、中国煤炭定价机制的演变 …………………………………………… 135
第四节　铁矿石定价机制 ……………………………………………………… 136
　　一、铁矿石定价机制的演变 ……………………………………………… 136
　　二、铁矿石定价机制的发展趋势 ………………………………………… 137
第五节　有色金属定价机制 …………………………………………………… 138
　　一、有色金属定价机制的演变 …………………………………………… 138
　　二、有色金属定价机制的发展趋势 ……………………………………… 139

第十章　矿产资源管理 …………………………………………………………… 141
第一节　矿产资源规划管理 …………………………………………………… 141
　　一、矿产资源规划的概念和分类 ………………………………………… 141
　　二、矿产资源规划的编制 ………………………………………………… 142
　　三、矿产资源规划的实施 ………………………………………………… 145
第二节　矿产资源储量管理 …………………………………………………… 148
　　一、矿产资源储量分类分级 ……………………………………………… 148
　　二、压覆矿产资源审批管理 ……………………………………………… 150
　　三、矿产资源储量评审备案管理 ………………………………………… 152
　　四、矿产资源储量统计管理 ……………………………………………… 154
第三节　矿业权管理 …………………………………………………………… 156
　　一、矿业权审批管理 ……………………………………………………… 156
　　二、矿业权人的权利和义务 ……………………………………………… 159
　　三、矿业权人勘查开采信息公示管理 …………………………………… 160

主要参考文献 ……………………………………………………………………… 164

第一章

绪　论

自然资源是自然界赋予或前人留下的,可直接或间接用于满足人类需要的有形之物与无形之物。与人类生存直接相关的自然资源有生物资源、农业资源、森林资源、土地资源、矿产资源、海洋资源和水资源等。

第一节　矿产资源的概念及特征

一、矿产资源的概念

矿产资源是指经过地质成矿作用而形成的,天然赋存于地壳内部,或埋藏于地下,或出露于地表,呈固态、液态或气态,并具有开发利用价值的矿物或有用元素的集合体。

根据矿产资源在地壳中富集的物质形态的不同,可将其分为气态矿产(如天然气)、液态矿产(如石油)和固态矿产(如煤、铁等)三大类。固态矿产依其用途可分为能源矿产(如煤、铀)和非能源矿产(如铁、铜等)两大类。固态非能源矿产依其特性又可分为金属矿产(如铁、铜等)和非金属矿产(如石灰石、磷、金刚石等)。

截至2021年底,中国已发现173种矿产,其中能源矿产13种,金属矿产59种,非金属矿产95种,水气矿产6种(中华人民共和国自然资源部,2022)。根据《中华人民共和国矿产资源法实施细则》(1994),中国矿产资源分为能源矿产、金属矿产、非金属矿产和水气矿产四大类。根据矿产资源的属性和用途,细分为以下10类矿产。

(1) 能源矿产类:煤、石油、油页岩、天然气、铀、钍等。

(2) 黑色金属矿产类:铁、锰、铬等。

(3) 有色金属矿产类:铜、铅、锌、铝土矿、钴、镍、钨、钼、铋等。

（4）稀有金属矿产类：锂、铍、铌、钽、锆、镉、镓、铟等。

（5）贵金属矿产类：金、银、铂、钯、钌、锇、铱、铑等。

（6）冶金辅助用料矿产类：溶剂用灰岩、白云岩、硅灰石、菱镁矿、耐火黏土等。

（7）化工原料矿产类：硫铁矿、自然硫、磷、钾盐、明矾石、化肥用灰岩、泥炭等。

（8）特种矿产类：压电水晶、冰洲石、金刚石、蓝石棉、熔炼水晶、光学萤石等。

（9）建材及其他矿产类：云母、石棉、高岭土、石墨、石膏、滑石、花岗岩、水泥用灰岩、砖瓦用页岩、水泥配料用黏土等。

（10）水气矿产类：地下水、矿泉水、二氧化碳气等。

二、矿产资源的特征

1. 可利用性

可利用是自然资源被称为矿产资源的必备条件，只有具备利用价值，能为人类社会发展提供原料的自然资源才称为矿产资源。以固体矿产资源为例，按其是否查明，可分为查明矿产资源和潜在矿产资源，其中，预期可经济开采的查明矿产资源才具有被工业开采和利用的价值，它是人类社会和经济发展必需的原料。

2. 分布的不均匀性和隐蔽性

地壳和地幔中物质、元素的分布是不均匀的，这也造成了矿产资源分布的不均匀。全球范围大部分矿产资源在有些国家极度丰富，但在其他国家却极度贫乏。如中东具有丰富的石油，美洲具有丰富的铜矿，中国具有丰富的稀土矿产等。

由于矿产资源主要赋存在具有一定深度的地壳内，所以，大多数矿产资源都具有隐蔽性，人们需要花费极大的代价，通过各种技术手段对其进行探测才能发现。

3. 稀缺性

可利用矿产资源的稀缺性主要表现在3个方面：一是总量稀缺，矿产资源的绝对数量是有限的；二是经济稀缺，受社会资源的限制，开发出来的可以被利用的矿产资源相对于人类利用资源的需求而言也是稀缺的；三是成矿事件发生的困难性和偶然性，也决定了矿产资源具有稀缺性。

4. 耗竭性

由于矿产资源的形成周期极长，相对于人类利用时间来说，它是一种不可再生资源，会随着不断的消耗而逐步耗竭。随着人类对矿产资源的过度开采，矿产资源将在数量上大幅减少，其质量也会逐渐恶化。

5. 储量的动态变化性

具有开采价值和经济意义的矿产资源储量是动态变化的。现阶段发现和探明的矿产资源储量受地质条件、技术水平和经济评价结果的共同制约。随着对地质规律认识的不断加深和探测技术水平的提高，人们可以发现更多、埋藏更深的矿产资源；随着采选冶技术水平的提高，人们可以利用更多种类、更低品位的矿产资源；随着市场环境和矿产品价格的变化，人们可以利用的矿产资源的数量和质量都会发生变化。

第二节 矿产资源与经济发展

一、采矿发展简史

采矿是除农业耕作外人类最早从事的生产活动。从旧石器时代人类为获取工具而采集石块开始，人类历史发展的每一个里程碑无不与采矿有关。根据利用矿物种类的不同，人类文明发展史可以划分为石器时代、铜器时代、铁器时代、工业文明时代和信息文明时代。

石器时代：这一时期的人类以狩猎和采集为生，对矿物的利用主要局限于从自然界直接获取石块，并将其制作成简单的工具。

铜器时代：随着冶炼技术的出现，人类开始从铜矿石中提取金属，并制作铜质工具和武器。铜器的出现极大地提升了人类的生产力和战斗力。

铁器时代：这一时期，人类主要利用铁矿石，通过冶炼和锻造技术，制作铁质工具和武器。铁制工具更加耐用，极大地提高了生产效率。铁器的出现进一步推动了农业、手工业和军事的发展。

工业文明时代：随着工业革命的爆发，人类开始大规模地开采和利用煤炭、石油、天然气等化石燃料，以及铁、铜、铝等金属矿产。这些资源的利用推动了工业化进程，使人类社会发生了翻天覆地的变化。

信息文明时代：随着信息技术的迅猛发展，人类对矿物的利用进入了新的阶段。虽然传统的矿物资源仍然重要，但人类开始更加注重对稀有金属、稀土金属等高科技矿产的开采和利用。矿产资源在信息技术、新能源、新材料等领域的应用越来越广泛，成为推动社会发展的重要力量。

采矿活动与矿物利用推动了人类历史的进步。在每一个历史阶段，人类的生活水平和生产力都较前一个阶段有了很大的提高，一个主要原因就是新的、性能更优越的矿物的开采和利用，为人类提供了效能更高的工具和燃料。自工业革命以来，科学技术的飞速进步、生产力的大幅提高和人类财富的快速积累，均是以矿产资源的大规模开发和创造性利用为基础的。

人类社会的发展史,常以某种矿产为标志,如石器时代、青铜时代和铁器时代。每一种新矿产的使用,都为人类带来更充足的食物、衣着和住所,标志着人类生活水平的提高。而每一种新矿产的使用,又是人类技术进步的结果。没有矿产勘探、开采和加工处理技术的发展,潜在的资源便不能得以利用。

二、矿业与经济发展

采矿业是基础工业,为工业及农业提供原材料和辅助材料。没有采矿业,许多产业(特别是金属冶炼和加工工业)的生产就成为"无米之炊"。国民经济的发展和人类生活水平的提高与矿产开发及利用有着密切关系,人均矿产品消耗水平已成为衡量一个国家发展程度及其国民生活水平的重要指标之一。自现代工业、现代农业出现以来,矿产资源已成为一个国家得以繁荣富强的重要因素,矿产资源的丰富程度及对其开发利用的能力基本上反映了一个国家的实力。

在人类历史上,社会生产力的任何一次巨大进步都伴随着矿产资源利用水平的巨大飞跃。近代世界经济成长正是建立在矿业充分发展的基础上。矿业作为经济增长的重要驱动力,在国民经济增长阶段中起到了支柱作用。如起始于18世纪60年代并持续到19世纪末期的欧洲工业革命与取自美洲丰富的矿产资源是分不开的;美国18世纪初相继在卡罗来纳州、佐治亚州、田纳西州、新墨西哥州开发黄金,最后于1848年在加利福尼亚州发现大金矿,在世界范围内掀起了"黄金热",因而促进了美国西部的迅速开发与繁荣;澳大利亚对矿产资源的大力开发,始于19世纪中叶,是加利福尼亚州"黄金热"的继续;中国鞍山、本溪、攀枝花、铜陵、白银、个旧等城市的繁荣发展,也与开发当地的矿产资源密切相关。

工业发达国家的经验表明,社会经济对矿产资源的消耗强度可用倒"U"形曲线来描绘。在工业化早期、中期,消耗强度逐年递增;在工业化成熟阶段,矿业在国内生产总值中所占的比重逐渐减少,整个经济对资源消耗的依赖程度相对减弱,对矿产资源的需求增长速度放慢,但需求绝对量仍然增长。矿产资源的消耗是维持世界经济,特别是发展中国家经济的主要基础之一。

矿产资源具有不可再生、稀缺、用途广泛等特征,具有重要的战略价值,对中国经济发展及国防安全、经济安全等具有十分重要的促进作用。

1. 矿产资源是工业化的基础支撑

人类进入工业化发展阶段以来,短短200多年时间,科学技术已发展到人类从未有过的高度。这种成就是以矿产资源的开发利用为前提的,矿业支撑着工业化的脚步不断前行。近年来,中国经济快速发展,体量越来越大,已成为世界第二大经济体。经济的快速发展伴随着工业化进程,这一进程也伴随着矿产资源利用水平的不断提高和矿产资源消耗量的不断增大。

2. 矿业是国民经济的重要基础产业

以矿产勘查、矿业开发为主形成的矿业是国民经济的基础产业,处在社会整个产业链的最前端。

科学技术水平越高,生产力越发达,经济发展能力越强,矿业对经济的渗透力越深,其基础性作用和地位越明显,几乎融入社会经济的每一个方面。矿业是其他产业发展的基础和前提,没有矿业的发展,就没有现代工业,从一定程度上讲,也没有高度发达的现代文明。

第三节 矿产经济学的学科属性

一、研究对象与目的

矿产经济学是一门由矿产资源学和经济学相互交叉、彼此渗透,并吸收其他学科的有用成分而形成的新兴学科,其研究对象是矿产资源生产、交换、分配与消费过程中产生的经济关系和经济规律,主要包括与矿业活动有关的矿产勘查、市场供求、矿业开发、矿业政策、矿业投资、矿业贸易等一系列经济问题(崔彬等,2015)。对这些问题进行研究,目的是分析矿产资源的经济特征、开发条件、市场需求、供给情况及相关的经济活动和政策效应,以便为矿产资源的有效开发、利用和管理提供科学依据。

二、研究内容

矿产经济学是一门运用经济学原理与方法,研究和解决矿产资源开发中的经济问题的应用经济学科。它属于资源经济学科范畴,涉及经济学、地质学、采矿学、环境科学、工程技术等多个领域的交叉融合。

矿产经济学的研究内容涵盖多个方面,具体如下。

首先,矿产经济学关注矿产资源的经济性质,包括其稀缺性、公共性及开发利用过程中可能产生的外部性。这些性质决定了矿产资源的经济价值,也影响着矿产资源开发、利用和管理的策略。

其次,矿产经济学研究矿产资源的供需关系。这包括分析影响矿产资源需求的主要因素,研究矿产资源需求的消费者行为,以及探讨矿产资源的供给特点和规律。对供需关系进行深入研究,有助于预测矿产资源的价格走势和市场变化,为矿产资源的合理开发和利用提供指导。

再次,矿产经济学还关注矿产资源的生产过程。这包括研究矿产资源的开采技术、生产效率、成本构成等方面,以及探讨如何提高矿产资源的利用效率和降低生产成本。同时,矿产经济学也关注矿产资源产业的经济效益和社会效益,为矿产资源的可持续发展提供理论支持。

最后,矿产经济学还涉及矿产资源的管理和政策制定。这包括研究国家管理矿产资源的基本职能和消费政策,分析矿产资源管理制度和政策对矿产资源开发利用的影响,以及提出优化矿产资源管理和政策的建议。

随着当前国际格局深度演变,大国力量此消彼长,国家间的博弈日趋白热化,地缘政治冲突频发,战略性新兴产业对关键矿产的需求增加,智能矿山、绿色矿山和战略性矿产资源成为政府和学者们关注的热点。

1. 智能矿山

当前,全球各类矿业公司都面临矿体品位与运营效率下跌的问题。由于矿体固有的明显变异性,矿业公司自身难以应对这项挑战。此外,成本高昂的基础设施、过长的规划周期、缓慢的实施过程,以及危险的作业环境和随之而来的重大安全隐患等,使得这项挑战更加严峻。虽然很多矿业公司竭力推动有意义且可持续的业务转型,但它们缺乏对真实情况的可预见性,同时很难及时获取准确、完整的数据。结果是这些公司在采用过时经营方式的过程中面临收益递减的困境——剩余资产逐渐被榨干,工作强度越来越大,收益却越来越少。

智能矿山是现代化矿业发展的重要方向,它充分利用物联网、云计算、大数据、人工智能等先进技术,实现矿山的全面感知、实时互联、数据驱动和智能决策。智能矿山的建设有助于提升矿山生产效率、降低运营成本、保障安全生产,并为矿山的可持续发展提供有力支持。智能矿山的核心在于各种先进技术的应用与融合。

借助物联网技术,可以实现矿山设备的互联互通,使得设备状态、生产数据等信息能够实时共享;借助大数据技术,可以对海量的矿山数据进行处理和分析,为决策者提供科学依据;借助人工智能技术,则可以对矿山生产数据进行自动分析和处理,实现生产过程的优化和智能化管理。

在智能矿山的建设中,需要考虑矿山的地质条件、生产环境、人员安全等因素,确保智能化技术的应用能够真正提升矿山的生产效率和安全性。同时,智能矿山的建设也需要注重可持续发展,在矿产资源的合理利用和生态环境保护之间取得平衡。

智能矿山是矿业发展的必然趋势,它将为矿山的生产和管理带来重大变革。随着技术的不断进步和应用的不断深入,智能矿山将在未来发挥更加重要的作用,推动矿业的持续健康发展。

2. 绿色矿山

绿色矿山是指在矿产资源开发全过程中,实施科学有序开采,将对矿区及周边生态环境的扰动控制在一定范围内,实现环境生态化、开采方式科学化、资源利用高效化、管理信息数字化和矿区社区和谐化的矿山。

近年来,使矿山变"绿"成为中国矿山发展的主旋律。只有适应生态文明建设要求,建设绿色矿山,才能有效推动矿产资源开发利用与生态环境保护协调发展。

中国提出绿色矿山战略由来已久。2003年,科学发展观正式提出,为绿色矿山建设理念奠定了深厚的理论基础。2008年,《全国矿产资源规划(2008—2015年)》指出了发展绿色矿业的明确要求,确立了到2020年基本建立绿色矿山格局的战略目标。2010年,《国土资源部关于贯彻落实全国矿产资源规划发展绿色矿业建设绿色矿山工作的指导意见》为全面落实规划目标任务指明了方向,提出了国家级绿色矿山建设基本条件,由此标志着中国绿色矿山建设正式启动。

2017年,国土资源部(现自然资源部)、财政部、环境保护部(现生态环境部)等六部委联合发布《关于加快建设绿色矿山的实施意见》,标志着中国绿色矿山建设从理念到实践迈出了坚实的一步。2018年4月,自然资源部公示了非金属、化工、黄金等9个行业绿色矿山建设规范,首个国家级绿色矿山建设行业规范就此形成。目前,作为矿产资源管理制度改革创新的平台,绿色矿业发展示范区着力发挥政府引导作用,推动了技术、管理和制度创新,推动了绿色矿山建设。

绿色矿山建设是一项复杂的系统工程,代表了一个地区矿业开发利用的总体水平和可持续发展潜力,以及维护生态环境平衡的能力。它着力于在科学、有序、合理地开发利用矿山资源的过程中,对其必然产生的污染、矿山地质灾害等,最大限度地予以恢复治理或转化创新。

3. 战略性矿产资源

21世纪以来,新兴产业的兴起、新一代信息技术的广泛应用及全球绿色转型的加速,使得一些非燃料矿产如锂、钴、锰、稀土、镓、钕、铟、锗、钪、铂、钽等的地位凸显。世界银行预计,到2050年,全球对这些矿产的需求可能会增长500%。国际能源署在2021年发布的报告《关键矿物在清洁能源转型中的作用》中提及铜、锂、镍、钴和稀土等矿物对于全球能源行业实现安全且快速转型的重要性。总体来看,未来社会对用于战略性新兴产业的稀有矿产资源的需求会大幅增加,各主要经济体特别是工业大国之间对稀有矿产资源的争夺将日益激烈。中国自实施《找矿突破战略行动纲要(2011—2020年)》以来,在战略性矿产资源开发和生产方面取得了显著成果,但新增资源储量的增长仍然远低于储量消耗的增长,矿产品的生产供应也无法跟上实际消费的增长速度。此外,中国铁矿石、铜、铝、镍、锂、钴、钾盐等矿产的进口主要依赖澳大利亚、刚果(金)、菲律宾、智利、秘鲁、印度尼西亚等国,因此需要注意长期供应风险。中国需要进一步持续深入开展"找矿突破战略行动",提高国内资源保障能力,并通过循环使用资源、可持续产品和提高资源利用效率,同时深化国家间的合作,推动构建全球新的矿产资源治理格局。

目前国际社会尚缺乏对战略性矿产资源的统一界定。由于这类矿产往往是一个国家严重依赖进口的矿产品,因此战略性矿产的清单因国家而异。美国、欧盟、日本和中国从经济安全、产业升级、供应风险等维度,分别提出了"关键矿物""关键原材料""重要稀有金属""战略性矿产"等概念(田慧芳,2021)。

《关键矿物清单》是一份由美国地质调查局发布的清单,旨在识别和列出对美国经济和国家安全至关重要的矿产资源。2022年,美国在《关键矿物清单》中公布了新的50种关键矿物,分别是铝、锑、砷、重晶石、铍、铋、铈、铯、铬、钴、镝、铒、铕、萤石、钆、镓、锗、石墨、铪、钬、铟、铱、镧、锂、镥、镁、锰、镍、钕、铌、钯、铂、镨、铑、铷、钌、钐、钪、钽、碲、铽、铥、锡、钛、钨、钒、镱、钇、锌和锆。

2024年,欧盟理事会通过了《关键原材料法案》,列出了34种关键原材料,分别是铝/铝土矿/氧化铝、焦煤、磷、锑、长石、轻稀土、砷、萤石、镁、金属硅、重晶石、镓、锰、锶、铍、锗、天然石墨、钽、铋、铪、铌、钛金属、硼、氦、铂族金属、钨、钴、重稀土、磷酸盐岩、钒、铜、锂和镍。

日本政府于2009年出台了《稀有金属保障战略》,列出31种重要稀有金属,此后又更新为34种,包括锂、铍、硼、钛、钒、铬、锰、钴、镍、镓、锗、硒、铷、锶、锆、铌、钼、钯、铟、锑、碲、铯、钡、铪、钽、钨、铼、铂、铊、铋、稀土、碳(天然石墨)、金属硅、氟(萤石)。

中国《全国矿产资源规划(2016—2020年)》明确了战略性矿产目录,共含24个矿种,其中,能源矿产包括石油、天然气、页岩气、煤炭、煤层气、铀;金属矿产包括铁、铬、铜、铝、金、镍、钨、锡、钼、锑、钴、锂、稀土、锆;非金属矿产包括磷、钾盐、晶质石墨、萤石。

全球战略性矿产资源储量有限,每种矿产的市场规模、价格和产地均不同,其生产和加工高度集中在少数几个国家。例如:纯电动汽车需要搭载很大的锂离子电池,用于生产锂离子电池的稀有金属钴的产地主要集中在刚果(金),该国钴产量占全球产量的59%;对于特钢生产必不可少的钨、用于锂离子电池生产和半导体加工的萤石,其生产主要集中在中国;美国则垄断了全球70%以上的铍和氦气生产,其中铍主要应用于电子通信、汽车、航空和国防领域。

从地域看,在亚洲,中国矿产资源禀赋优异,稀土、钨、锑、锗、金属硅、萤石、铍等产量在全球占据绝对优势地位,但硼酸盐、铪、氦气、钽、铂系金属等资源稀缺。印度铁矿石和铁合金,尤其是锰和铬铁矿较为丰富,铜、铝土矿(铝的主要矿石)、锌、铅等极具开采潜力。在欧洲,德国、法国、瑞典、英国和乌克兰均是铁矿石的生产大国。俄罗斯是稀土矿产的第二大出口国。但是,欧盟绝大多数矿产严重依赖进口——98%的稀土由中国供应,98%的硼酸盐由土耳其供应,71%的铂金由南非供应。

第四节 基本分析方法

矿产经济分析的方法很多,一般可分为定性分析方法和定量分析方法,要根据区域矿产资源分析研究的目的和要求灵活、综合运用。从发展趋势看,矿产经济分析以定量分析为主(吕宾,2007)。

一、定性分析方法

对矿产经济的定性分析着重于估计矿产资源开发利用某一方面的发展趋势、优劣程度和发展概率。定性分析一般用于以下方面:①在定量分析之前进行定性分析,以明确发展趋势,为定量分析作准备;②在缺乏历史统计资料时,可直接进行分析和预测;③与定量分析方法相结合,提高分析预测的准确性;④对定量分析结果进行评价。定性分析方法主要包括市场调查法、专家意见法、主观概率法等。

二、定量分析方法

对矿产经济的定量分析方法大体上可分为矿产经济评价方法和矿产经济预测方法两大类。

(一)矿产经济评价的常用方法

1. 综合指标评价法

该方法通过设定综合评价指标体系,对其中的各组指标给予一定的权重,建立数学模型,进行综合评价。目前综合评价矿产资源合理利用水平的指标一般包括以下5个方面:矿产资源开发利用的国民经济效益指标(矿产资源国民经济效益系数、矿产资源消耗强度、矿产资源消耗增长系数)、矿产资源开发利用投资效率指标、矿产资源利用率指标(矿产资源利用率、矿产资源综合回收率、矿产资源二次利用率)、矿产资源储量合理性评价指标、矿产资源开发利用环境效益指标。

2. 区域价值估计法

运用区域价值估计法时,应首先选择一个与待评价区地质环境类似、资源比较丰富且研究程度较高的地区作为控制区,并主要根据该区矿产的已知储量和已知采矿量计算出该区单位面积矿量和单位面积价值,然后把它们类推到待评价区,确定可能产出的资源种类,预期新的资源类别,并估计未来可能达到的资源量。该方法被国际上公认为区域矿资源评价的标准方法之一。

（二）矿产经济预测的常用方法

1. 弹性系数法

弹性系数用来衡量具有相关关系的两个变量之间，一个变量对于另一个变量相对变动的反应程度，其程度的大小用两个变量的变化率之比值表示。一般认为，主要矿产品，如煤炭、石油、天然气、钢铁、铜、铅、锌、铝、水泥等的消费增长与国内生产总值增长有着密切的关系。因此，可以采用矿产品年消费增长率与国内生产总值年增长率之比的弹性系数，计算未来主要矿产品的年需求增长率，从而预测未来主要矿产品的需求量。该方法运用的关键在于确定未来年份的弹性系数。

2. 回归分析预测法

该方法是从因果关系出发，通过统计资料，建立数学模型进行预测。回归分析预测包括一元回归预测、多元回归预测、线性回归预测、非线性回归预测等。在矿产资源经济分析中，常使用一元回归预测和线性回归预测，如根据人均GDP（自变量）和人均矿产品消费量（因变量）的历史数据，建立回归模型，根据规划期的人均国内生产总值，预测人均矿产品消费量，得出矿产品总需求量。回归模型主要用于预测中长期矿产品需求。

3. 利用强度法

利用强度（intensity of use）法是马伦堡于1977年提出的，它特别适用于能源与矿产资源的需求预测。如矿产品利用强度可用单位GDP所消耗的某种矿产品数量表示。在使用利用强度模型预测矿产品需求时，要考虑经济发展阶段和产业结构调整状况。

4. 趋势预测法

该方法是时间序列预测的方法之一，主要采用曲线配合的方法，然后进行时间外推。其步骤是先根据变量的意义、散点图或其他分析，确定趋势曲线类型，再通过研究历史数据，估计参数值，得到趋势曲线。

第二章

矿产资源分布

矿产资源的成矿作用十分复杂,与地壳运动、岩浆活动、沉积作用、变质作用、生物作用以及地球物质循环等密切相关,而上述成矿作用在地球表面的分布是极不均匀的。本章主要介绍部分主要能源矿产、金属矿产、非金属矿产在全球和中国的分布及其特征。

第一节 全球主要矿产资源分布及特征

一、全球能源矿产分布及特征

新能源矿产(煤层气、页岩气、油页岩和锂矿等)的应用比重在逐步扩大,但作为传统能源矿产的煤炭、石油和天然气目前依然是全球能源矿产消费的主要对象。

(一)煤炭

全球在近 80 个国家分布有超 2900 个聚煤盆地。截至 2020 年底,全球已探明的煤炭储量约为 10 741.1 亿 t。全球煤炭储量排名前五的国家分别为美国、俄罗斯、澳大利亚、中国和印度,其储量共占全球总储量的 75.9%(表 2-1)。

(二)石油

截至 2020 年底,全球已探明的石油储量达到 17 324 亿桶。全球石油储量排名前五的国家分别为委内瑞拉、沙特阿拉伯、加拿大、伊朗和伊拉克,其储量共占全球总储量的 61.9%(表 2-2)。

表 2-1　2020 年全球煤炭资源主要分布国家及储量占比

排名	国家	储量/亿 t	占总量比例/%
1	美国	2 489.4	23.2
2	俄罗斯	1 621.7	15.1
3	澳大利亚	1 502.3	14.0
4	中国	1 432.0	13.3
5	印度	1 110.5	10.3
6	德国	359.0	3.3
7	印度尼西亚	348.7	3.2
8	乌克兰	343.8	3.2
9	波兰	284.0	2.6
10	哈萨克斯坦	256.1	2.4

数据来源:《bp 世界能源统计年鉴》(2021 年版)。

表 2-2　2020 年全球石油资源主要分布国家及储量占比

全球排名	国家	储量/亿桶	占总量比例/%
1	委内瑞拉	3038	17.5
2	沙特阿拉伯	2975	17.2
3	加拿大	1681	9.7
4	伊朗	1578	9.1
5	伊拉克	1450	8.4
6	俄罗斯	1078	6.2
7	科威特	1015	5.9
8	阿联酋	978	5.6
9	美国	688	4.0
10	利比亚	484	2.8

数据来源:《bp 世界能源统计年鉴》(2021 年版)。

(三) 天然气

截至 2020 年底,全球已探明的天然气储量达到 188.1 万亿 m^3。全球天然气储量排名前五的国家分别为俄罗斯、伊朗、卡塔尔、土库曼斯坦和美国,其储量共占全球总储量的

64.0%(表2-3)。

表2-3 2020年全球天然气资源主要分布国家及储量占比

排名	国家	储量/万亿 m³	占总量比例/%
1	俄罗斯	37.4	19.9
2	伊朗	32.1	17.1
3	卡塔尔	24.7	13.1
4	土库曼斯坦	13.6	7.2
5	美国	12.6	6.7
6	中国	8.4	4.5
7	委内瑞拉	6.3	3.3
8	沙特阿拉伯	6.0	3.2
9	阿拉伯联合酋长国	5.9	3.1
10	尼日利亚	5.5	2.9

数据来源:《bp世界能源统计年鉴》(2021年版)。

二、全球金属矿产分布及特征

金属矿产指可从中提取某种供工业利用的金属元素或化合物的矿产。根据金属元素的性质和用途,将其分为4类:黑色金属矿产,如铁矿和锰矿等;有色金属矿产,如铜矿、铝土矿、铅锌矿等;贵金属矿产,如金矿和银矿等;"三稀"金属矿产,如锂矿、稀土矿等。

(一)黑色金属矿产

黑色金属是铁、锰、铬3种金属的统称,其中铁是世界上发现最早、利用最广、用量最多的一种金属。截至2022年底,全球铁矿石储量为1800亿t,铁含量850亿t。全球铁矿石储量排名前五的国家分别为澳大利亚、巴西、俄罗斯、中国、乌克兰,其储量共占全球总储量的78.1%(表2-4)。

表2-4 2022年全球铁矿石资源主要分布国家及储量占比(据 U.S. Geological Survey,2023)

排名	国家	铁矿石储量/亿 t	铁含量/亿 t	占总量比例/%
1	澳大利亚	510	270	28.3
2	巴西	340	150	18.9
3	俄罗斯	290	140	16.1

表2-4（续）

排名	国家	铁矿石储量/亿t	铁含量/亿t	占总量比例/％
4	中国	200	69	11.1
5	乌克兰	65	23	3.6
6	加拿大	60	23	3.3
7	印度	55	34	3.1
8	美国	30	10	1.7
9	伊朗	27	15	1.5
10	哈萨克斯坦	25	9	1.4

（二）有色金属矿产

1. 铜矿

铜被称为"人类文明的使者"，是人类较早使用的金属之一。早在史前时代，人们就开始采掘露天铜矿，并用获取的铜制造武器、工具和其他器皿。截至2022年底，全球铜储量为8.90亿t。全球铜储量排名前五的国家为智利、澳大利亚、秘鲁、俄罗斯、墨西哥，其储量共占全球总储量的54.3%（表2-5）。

表2-5 2022年全球铜资源主要分布国家及储量占比（据U.S. Geological Survey, 2023）

排名	国家	铜储量/亿t	占总量比例/％
1	智利	1.90	21.3
2	澳大利亚	0.97	10.9
3	秘鲁	0.81	9.1
4	俄罗斯	0.62	7.0
5	墨西哥	0.53	6.0
6	美国	0.44	4.9
7	刚果（金）	0.31	3.5
8	波兰	0.30	3.4
9	中国	0.27	3.0
10	印度尼西亚	0.24	2.7

2. 铝土矿

铝土矿是指工业上能利用的,以三水铝石、一水铝石为主要矿物所组成的矿石的统称。铝土矿是生产金属铝的最佳原料,生产金属铝也是铝土矿最主要的应用领域,其用量占世界铝土矿总产量的90%以上。截至2022年底,全球铝土矿储量为310.0亿t。全球铝土矿储量排名前五的国家分别为几内亚、越南、巴西、牙买加、印度尼西亚,其储量共占全球总储量的61.0%(表2-6)。

表2-6 2022年全球铝土矿资源主要分布国家及储量占比(据U.S. Geological Survey,2023)

排名	国家	铝土矿储量/亿t	占总量比例/%
1	几内亚	74.0	23.9
2	越南	58.0	18.7
3	巴西	27.0	8.7
4	牙买加	20.0	6.5
5	印度尼西亚	10.0	3.2
6	中国	7.1	2.3
7	印度	6.6	2.1
8	俄罗斯	5.0	1.6
9	沙特阿拉伯	1.8	0.6
10	哈萨克斯坦	1.6	0.5

3. 铅锌矿

铅、锌是重要的工业原料,其全球金属消费量排名仅次于铁、铝、铜。铅、锌用途广泛,主要用于电气工业、机械工业、军事工业、冶金工业、化学工业、轻工业和医药业等领域。世界铅锌矿资源分布广泛,目前已知在50多个国家均有分布。世界铅锌矿主要分布在大洋洲、亚洲、北美洲及南美洲。

截至2022年底,全球铅储量为8500万t。全球铅储量排名前五的国家分别为澳大利亚、中国、俄罗斯、墨西哥、秘鲁,其储量共占全球总储量的77.5%(表2-7)。

表2-7 2022年全球铅资源主要分布国家及储量占比(据U.S. Geological Survey,2023)

排名	国家	铅储量/万t	占总量比例/%
1	澳大利亚	3700	43.5

表2-7（续）

排名	国家	铅储量/万t	占总量比例/%
2	中国	1200	14.1
3	俄罗斯	600	7.1
4	墨西哥	560	6.6
5	秘鲁	530	6.2
6	美国	460	5.4
7	印度	250	2.9
8	伊朗	200	2.4
9	瑞典	170	2.0
10	玻利维亚	160	1.9

全球锌储量分布特征与铅类似。截至2022年底,全球锌储量为21 000万t。全球锌储量排名前五的国家分别为澳大利亚、中国、俄罗斯、秘鲁、墨西哥,其储量共占全球总储量的70.5%（表2-8）。

表2-8 2022年全球锌资源主要分布国家及储量占比（据U.S. Geological Survey,2023）

排名	国家	锌储量/万t	占总量比例/%
1	澳大利亚	6600	31.4
2	中国	3100	14.8
3	俄罗斯	2200	10.5
4	秘鲁	1700	8.1
5	墨西哥	1200	5.7
6	印度	960	4.6
7	哈萨克斯坦	740	3.5
8	美国	730	3.5
9	瑞典	400	1.9
10	加拿大	180	0.9

4. 锡矿

由于锡质软、有延展性、化学性质稳定、抗腐蚀、易熔,因此锡和锡合金在现代国防、现代工业和人类生活中得到了广泛的应用。全球锡矿资源分布不均匀,产出较为集中。截至 2022 年底,全球已探明的锡储量为 460 万 t。全球锡储量排名前五的国家分别为印度尼西亚、中国、缅甸、澳大利亚和俄罗斯,其储量共占全球总储量的 70.0%(表 2-9)。

表 2-9　2022 年全球锡资源主要分布国家及储量占比(据 U.S. Geological Survey,2023)

排名	国家	锡储量/万 t	占总量比例/%
1	印度尼西亚	80	17.4
2	中国	72	15.7
3	缅甸	70	15.2
4	澳大利亚	57	12.4
5	俄罗斯	43	9.3
6	巴西	42	9.1
7	玻利维亚	40	8.7
8	刚果(金)	13	2.8
9	秘鲁	13	2.8
10	越南	11	2.4

(三)贵金属矿产

黄金作为重要的战略性矿产资源,对于维护国家经济安全和金融安全,以及保障国民财富的安全稳定增长,具有不可替代的作用。截至 2022 年底,全球金储量为 5.20 万 t。全球金储量排名前五的国家为澳大利亚、俄罗斯、南非、美国、秘鲁,其储量共占全球总储量的 50.2%(表 2-10)。

表 2-10　2022 年全球金资源主要分布国家及储量占比(据 U.S. Geological Survey,2023)

排名	国家	金储量/万 t	占总量比例%
1	澳大利亚	0.84	16.2
2	俄罗斯	0.68	13.1
3	南非	0.50	9.6
4	美国	0.30	5.8
5	秘鲁	0.29	5.6
6	印度尼西亚	0.26	5.0

表 2-10(续)

排名	国家	金储量/万 t	占总量比例/%
7	巴西	0.24	4.6
8	加拿大	0.23	4.4
9	中国	0.19	3.7
10	乌兹别克斯坦	0.18	3.5

(四)"三稀"金属矿产

"三稀"矿产资源包括稀土金属(镧系元素和钪、钇等17种)、稀有金属(铌、钽、锂、铍、锆、铪、锶、铷、铯9种)和稀散金属(镓、锗、铟、铊、铼、镉、硒、碲8种)。它们广泛应用于冶金、石油化工、玻璃陶瓷、电气、农业、医药等传统领域,更是发展节能环保、航空航天、电子信息等战略性新兴产业所需的主要原料。

1. 稀土矿

稀土资源是一种具有战略意义的优势矿产资源,有"工业维生素"之称。截至2022年底,全球已探明的稀土储量为13 000万 t。全球稀土储量排名前五的国家分别为中国、越南、巴西、俄罗斯和印度,其储量共占全球总储量的88.4%(表2-11)。

表 2-11　2022年全球稀土资源主要分布国家及储量占比(据 U.S. Geological Survey,2023)

排名	国家	稀土储量/万 t	占总量比例/%
1	中国	4400	33.8
2	越南	2200	16.9
3	巴西	2100	16.2
4	俄罗斯	2100	16.2
5	印度	690	5.3
6	澳大利亚	420	3.2
7	美国	230	1.8
8	格陵兰	150	1.2
9	坦桑尼亚	89	0.7
10	加拿大	83	0.6

2. 锂矿

锂矿作为战略性新兴产业发展的重要支撑矿种,被世界各国视为新的经济增长点。截至 2022 年底,全球已探明锂矿(以 Li_2O 计算)储量为 2600 万 t。全球锂储量排名前五的国家分别为智利、澳大利亚、阿根廷、中国和美国,其储量共占全球总储量的 81.5%(表 2-12)。

表 2-12 2022 年全球锂资源主要分布国家及储量占比(据 U.S. Geological Survey,2023)

排名	国家	锂储量/万 t	占总量比例/%
1	智利	930	35.8
2	澳大利亚	620	23.8
3	阿根廷	270	10.4
4	中国	200	7.7
5	美国	100	3.8
6	加拿大	93	3.6
7	津巴布韦	31	1.2
8	巴西	25	1.0
9	葡萄牙	6	0.2

三、全球非金属矿产分布及特征

(一)钾盐

钾是农作物生长所必需的三大营养元素(氮、磷、钾)之一。钾肥主要有氯化钾、硫酸钾和钾镁复合肥 3 种,钾盐是生产钾肥的矿物原料。截至 2022 年底,世界钾盐(K_2O)储量为 33 亿 t。全球钾盐储量排名前五的国家分别为加拿大、白俄罗斯、俄罗斯、美国和中国,其储量共占全球总储量的 80.0%(表 2-13)。

表 2-13 2022 年全球钾盐(K_2O)资源主要分布国家及储量占比(据 U.S. Geological Survey,2023)

排名	国家	钾盐(K_2O)储量/亿 t	占总量比例/%
1	加拿大	11	33.3
2	白俄罗斯	7.5	22.7

表2-13（续）

排名	国家	钾盐(K_2O)储量/亿 t	占总量比例/%
3	俄罗斯	4	12.1
4	美国	2.2	6.7
5	中国	1.7	5.2
6	德国	1.5	4.5
7	智利	1	3.0
8	老挝	0.75	2.3
9	西班牙	0.68	2.1
10	巴西	0.023	0.1

（二）磷矿

磷矿是一种重要的化工矿物原料，广泛用于农业及医药、食品、火柴、染料、制糖、陶瓷、国防等行业。磷矿在工业上的应用已有100多年的历史。截至2022年底，世界磷储量为720亿 t。全球磷储量排名前五的国家分别为摩洛哥、埃及、突尼斯、阿尔及利亚和中国，其储量共占全球总储量的82.5%（表2-14）。

表 2-14 2022年全球磷资源主要分布国家及储量占比（据 U.S. Geological Survey, 2023）

排名	国家	磷储量/亿 t	占总量比例/%
1	摩洛哥	500	69.4
2	埃及	28	4.0
3	突尼斯	25	3.5
4	阿尔及利亚	22	3.1
5	中国	19	2.6
6	巴西	16	2.2
7	南非	16	2.2
8	沙特阿拉伯	14	1.9
9	澳大利亚	11	1.5
10	美国	10	1.4

(三) 石墨

石墨因具有独特的耐高温性、导电导热性、化学稳定性、抗热震性与可塑性等,被广泛应用于冶金、化工、高端装备制造、新能源、新材料等领域。截至2022年底,世界石墨储量为33 000万t。全球石墨储量排名前五的国家分别为土耳其、巴西、中国、马达加斯加、莫桑比克,其储量共占全球总储量的80.9%(表2-15)。

表2-15 2022年全球石墨资源主要分布国家及储量占比(据 U.S. Geological Survey,2023)

排名	国家	石墨储量/万t	占总量比例/%
1	土耳其	9000	27.3
2	巴西	7400	22.4
3	中国	5200	15.8
4	马达加斯加	2600	7.9
5	莫桑比克	2500	7.6
6	坦桑尼亚	1800	5.5
7	俄罗斯	1400	4.2
8	印度	800	2.4
9	乌兹别克斯坦	760	2.3
10	墨西哥	310	0.9

(四) 萤石

萤石是自然界主要的含氟矿物,被广泛应用于关乎国计民生的诸多重要行业,其中既有新能源、新材料等新兴行业,也有建材、冶炼、陶瓷、玻璃等传统行业,同时还有国防、电子、军工等具有重大战略意义的领域。

截至2022年底,世界萤石储量为26 000万t。全球萤石储量排名前五的国家分别为墨西哥、中国、南非、蒙古国、西班牙,其储量共占全球总储量的73.1%(表2-16)。

表2-16 2022年全球萤石资源主要分布国家及储量占比(据 U.S. Geological Survey,2023)

排名	国家	萤石储量/万t	占总量比例/%
1	墨西哥	6800	26.2
2	中国	4900	18.8

表2-16（续）

排名	国家	萤石储量/万t	占总量比例/%
3	南非	4100	15.8
4	蒙古国	2200	8.5
5	西班牙	1000	3.8
6	越南	500	1.9
7	美国	400	1.5
8	伊朗	340	1.3

第二节 中国主要矿产资源分布及特征

截至2021年底,中国已发现173种矿产资源,其中能源矿产13种,金属矿产59种,非金属矿产95种,水气矿产6种（中华人民共和国自然资源部,2022）。

一、中国能源矿产分布及特征

中国煤炭资源丰富,除上海以外,在其他各省（区、市）均有分布。从煤炭资源的地理分布来看,中国的煤炭资源分布呈现明显的"西多东少,南贫北富"的状态。截至2021年底,中国煤炭储量为2 078.9亿t,其中全国储量排名前五的省（区）为山西、新疆、内蒙古、陕西和贵州,它们集中了全国煤炭资源的78.5%（表2-17）。

中国石油资源在全国众多省份均有发现,但地质条件十分复杂且开发成本高。截至2021年底,中国石油储量为36.9亿t,其中全国储量排名前五的省（区）分别为新疆、甘肃、陕西、黑龙江、河北,其储量共占全国总储量的55.3%（表2-17）。

中国天然气资源在世界上具有重要地位。截至2021年底,中国天然气储量为63 392.7亿m³,其中全国储量排名前五的省（区、市）分别为四川、陕西、新疆、内蒙古、重庆（表2-17）,其储量共占全国总储量的80.3%。

表2-17 2021年中国煤炭、石油、天然气资源主要分布地区及储量占比（据自然资源部,2022）

煤炭			石油			天然气		
排名	地区	储量/亿t	占比/%	排名	地区	储量/亿t	占比/%	排名	地区	储量/亿m³	占比/%
1	山西	494.2	23.8	1	新疆	6.3	17.1	1	四川	15 556.4	24.5

表 2-17（续）

	煤炭				石油				天然气		
排名	地区	储量/亿 t	占比/%	排名	地区	储量/亿 t	占比/%	排名	地区	储量/亿 m³	占比/%
2	新疆	364.5	17.5	2	甘肃	4.5	12.2	2	陕西	11 630.0	18.3
3	内蒙古	327.0	15.7	3	陕西	3.8	10.3	3	新疆	11 175.3	17.6
4	陕西	310.6	14.9	4	黑龙江	3.3	8.9	4	内蒙古	9 887.5	15.6
5	贵州	134.9	6.5	5	河北	2.5	6.8	5	重庆	2 639.4	4.2
6	云南	74.1	3.6	6	山东	2.4	6.5	6	黑龙江	1 388.1	2.2
7	安徽	60.0	2.9	7	吉林	1.7	4.6	7	山西	1 247.0	2.0
8	宁夏	57.0	2.7	8	辽宁	1.4	3.8	8	青海	1 093.5	1.7
9	河南	45.1	2.2	9	内蒙古	1.0	2.7	9	吉林	826.2	1.3
10	甘肃	41.5	2.0	10	青海	0.8	2.2	10	甘肃	643.8	1.0

二、中国金属矿产分布及特征

（一）黑色金属

中国是世界上最大的铁矿石消费国。中国虽然铁矿石储量较大，但富矿少，贫矿及难选矿多，中国铁矿品位以 30%～35% 为主。

中国铁矿资源分布广泛，覆盖 31 个省（区、市）。截至 2021 年底，中国铁矿石总储量为 161.3 亿 t。全国铁矿石储量排名前五的省（区）分别为辽宁、四川、河北、安徽、内蒙古，其储量共占全国总储量的 59.6%（表 2-18）。

表 2-18　2021 年中国铁矿石资源主要分布地区及储量占比（据自然资源部，2022）

排名	地区	铁矿石储量/亿 t	占比/%
1	辽宁	34.0	21.1
2	四川	22.5	13.9
3	河北	14.0	8.7
4	安徽	13.0	8.1
5	内蒙古	12.7	7.9

表2-18（续）

排名	地区	铁矿石储量/亿 t	占比/%
6	山西	11.5	7.1
7	山东	8.5	5.3
8	云南	5.8	3.6
9	新疆	5.7	3.5
10	江西	4.9	3.0

中国的铁矿床常成群成带集中产出，构成一些重要的铁矿集中区（带），其中最主要的有：鞍山-本溪、西昌-滇中、冀东-密云、五台、吕梁、长江中下游、包头-白云鄂博、邯郸-邢台、新疆东-西天山、鲁中、霍邱和鄂西-湘西北（赵一鸣，2013）。中国超大型铁矿床有辽宁齐大山铁矿床、红旗铁矿床、东鞍山铁矿床、西鞍山铁矿床、南芬铁矿床，河北司家营铁矿床，内蒙古白云鄂博铁矿床，四川攀枝花铁矿床、红格铁矿床，云南惠民铁矿床（崔立伟等，2012）。

（二）有色金属

1. 铜矿

中国铜资源分布虽然较为广泛，但资源储量远不能满足中国生产和消费需求。在已查明矿产地中，除天津以外，其余省、自治区、直辖市等均有不同规模的铜矿资源。

截至2021年底，中国铜储量为3 494.8万 t。全国铜储量排名前五的省（区）分别为西藏、江西、云南、甘肃、新疆，其储量共占全国总储量的74.1%（表2-19）。

表2-19 2021年中国铜资源主要分布地区及储量占比（据自然资源部，2022）

排名	地区	铜储量/万 t	占比/%
1	西藏	1 066.3	30.5
2	江西	665.7	19.0
3	云南	458.3	13.1
4	甘肃	207.9	5.9
5	新疆	190.6	5.5
6	内蒙古	169.3	4.8
7	安徽	143.3	4.1

表2-19（续）

排名	地区	铜储量/万t	占比/%
8	福建	98.9	2.8
9	四川	89.0	2.5
10	山西	80.5	2.3

中国铜矿资源主要集中在西北、西南及华南等地区（任彦瑛，2021）。中国已探明的铜矿床数量较多，成矿类型齐全，最主要的有斑岩型铜矿、矽卡岩型铜矿、层状型铜矿。上述3种类型的铜矿储量占全国铜矿总储量的80%以上（王成，2020）。中国超大型铜矿床有江西德兴铜矿床，黑龙江多宝山铜多金属矿床，西藏玉龙铜矿床、驱龙铜矿床、甲玛铜矿床、多龙铜矿床，甘肃金川铜镍矿床，云南东川铜矿床等。

2. 铝土矿

截至2021年底，中国铝土矿储量为71 113.7万t。全国铝土矿储量排名前五的省（区、市）分别为广西、贵州、河南、山西和重庆，其储量共占全国总储量的97.9%（表2-20）。

表2-20　2021年中国铝土矿资源主要分布地区及储量占比（据自然资源部，2022）

排名	地区	铝土矿储量/万t	占比/%
1	广西	26 347.9	37.1
2	贵州	16 281.7	22.9
3	河南	14 396.7	20.2
4	山西	9 267.5	13.0
5	重庆	3 295.2	4.6
6	云南	924.1	1.3
7	湖南	216.6	0.3
8	湖北	147.2	0.2
9	四川	127.8	0.2
10	山东	109.0	0.2

中国铝土矿主要分布在18个成矿区（带）内，其中山西断隆成矿带、华北陆块南缘成矿带、黔中北-渝南成矿带、桂西南-滇东南成矿带4个成矿带铝土矿储量占全国总资源量的73%（孙莉等，2018）。

3. 铅锌矿

中国铅锌金属资源较为丰富,但超大型、大型矿床少,矿石类型复杂,共、伴生组分多,后备资源储量不足。

截至2021年底,中国铅储量为2 040.8万t,锌储量为4 423.1万t。全国铅储量排名前5的省(区)分别为内蒙古、云南、甘肃、西藏、新疆,其储量共占全国总储量的65.3%;全国锌储量排名前五的省(区)分别为云南、内蒙古、甘肃、新疆、广西,其储量共占全国总储量的70.0%(表2-21)。

表2-21 2021年中国铅锌资源主要分布地区及储量占比(据自然资源部,2022)

	铅				锌		
排名	地区	储量/万t	占比/%	排名	地区	储量/万t	占比/%
1	内蒙古	452.9	22.2	1	云南	1 057.5	23.9
2	云南	452.3	22.2	2	内蒙古	882.0	19.9
3	甘肃	157.4	7.7	3	甘肃	499.2	11.3
4	西藏	147.5	7.2	4	新疆	364.0	8.2
5	新疆	122.2	6.0	5	广西	292.7	6.6
6	江西	120.9	5.9	6	江西	187.3	4.2
7	广西	111.3	5.5	7	青海	171.7	3.9
8	四川	97.1	4.8	8	四川	160.8	3.6
9	青海	88.6	4.3	9	贵州	128.7	2.9
10	河南	74.3	3.6	10	陕西	118.7	2.7

中国超大型、大中型铅锌矿床和铅锌成矿区(带)主要集中分布在扬子板块周缘地区、三江地区及其西延部分(特别是滇西兰坪)、冈底斯地区、秦岭-祁连山地区、内蒙古狼山-渣尔泰山地区、大兴安岭及南岭等地区(张长青等,2013)。中国典型铅锌矿床有新疆火烧云铅锌矿床、云南金顶铅锌矿床、广东凡口铅锌矿床、青海锡铁山铅锌矿床、湖南水口山铅锌矿床、内蒙古白音诺尔铅锌矿床等。

4. 锡矿

截至2021年底,中国锡储量为113.1万t。全国锡储量排名前五的省(区)为云南、广西、湖南、江西和内蒙古,其储量共占全国总储量的91.5%(表2-22)。

表 2-22　2021年中国锡资源主要分布地区及储量占比(据自然资源部,2022)

排名	地区	锡储量/万 t	占比/%
1	云南	48.9	43.2
2	广西	18.2	16.1
3	湖南	15.9	14.1
4	江西	11.1	9.8
5	内蒙古	9.4	8.3
6	广东	6.0	5.3
7	四川	1.9	1.7
8	青海	1.2	1.1

中国最大的两个锡矿床为云南的个旧锡矿床和广西的大厂锡矿床,其资源量分别高达247万t和147万t(曹华文等,2015)。湖南的柿竹园锡矿床和内蒙古的黄冈锡矿床资源量远景也较为广阔,柿竹园锡矿床现已探明储量为30万t(王璐璐等,2020)。近年来,中国对锡矿的勘查力度不断加大,新探明锡矿资源量有较大提高,但较中国的锡矿消耗速度还是较慢。

(三)贵金属矿产

截至2021年底,中国金储量为2 964.5 t。全国金储量排名前五的省(区)分别为山东、甘肃、云南、西藏、江西,其储量共占全国总储量的54.6%(表2-23)。

表 2-23　2021年中国金资源主要分布地区及储量占比(据自然资源部,2022)

排名	地区	金储量/t	占比/%
1	山东	781.5	26.4
2	甘肃	280.6	9.5
3	云南	202.2	6.8
4	西藏	193.4	6.5
5	江西	162.0	5.5
6	内蒙古	160.4	5.4
7	河南	142.1	4.8
8	新疆	115.2	3.9

表2-23（续）

排名	地区	金储量/t	占比/%
9	吉林	106.6	3.6
10	贵州	104.9	3.5

中国已发现的金矿床多为中小型，超大型、大型矿床少。中国著名金矿床有山东焦家金矿床、三山岛金矿床，贵州烂泥沟金矿床，福建紫金山金铜矿床等。依据中国典型金矿床时空分布的差异性和非均一性，中国金矿床可划分为胶东、小秦岭-熊耳山、华北地台北缘、西秦岭、东北陆块边缘、长江中下游、阿尔泰-准噶尔-天山、阿尔金-祁连、三江-哀牢山、滇黔桂、东南沿海、冈底斯-斑公湖、台湾13个主要集中区（王成龙等，2017）。

（四）"三稀"金属矿产

1. 稀土矿

截至2022年底，中国稀土储量为4400万t，全国稀土资源主要集中在内蒙古，该地区稀土储量占全国总储量的83.0%；山东和四川的稀土储量也位居全国前列，分别占全国总储量的8.0%和3.0%（表2-24）。

表2-24　2022年中国稀土资源主要分布地区及储量占比（据 U.S. Geological Survey，2023）

排名	地区	稀土储量/万t	占比/%
1	内蒙古	3652	83.0
2	山东	352	8.0
3	四川	132	3.0

中国最大的稀土矿床（同时也是目前世界最大的稀土矿床），是位于中国内蒙古包头的白云鄂博稀土矿床，资源量已逾10 000万t；四川境内的牦牛坪和大陆槽稀土矿床资源远景广阔，目前资源量分别达317万t和186万t。中国稀土矿资源量排名第四的稀土矿床为山东的微山稀土矿床，资源量达137万t（张苏江等，2020；毛景文等，2022）。

2. 锂矿

截至2021年底，中国锂储量为404.7万t。全国锂矿资源主要集中在青海、四川、西藏和江西4个省（区），其锂储量共占全国总储量的99.6%（表2-25）。其余极少的锂矿资源分布在河南和新疆。

表 2-25　2021 年中国锂资源主要分布地区及储量占比（据自然资源部，2022）

排名	地区	锂储量/万 t	占比/%
1	青海	190.5	47.1
2	四川	117.8	29.1
3	西藏	57.2	14.1
4	江西	37.4	9.2

三、中国非金属矿产分布及特征

（一）钾盐

截至 2021 年底，中国钾盐（KCl）储量为 28 424.6 万 t。中国钾盐产地为青海、新疆、西藏三省（区），其中青海的钾盐储量占全国总储量的 93.6%（表 2-26）。

表 2-26　2021 年中国钾盐（KCl）资源主要分布地区及储量占比（据自然资源部，2022）

排名	地区	钾盐（KCl）储量/万 t	占比/%
1	青海	26 610.2	93.6
2	新疆	1 250.6	4.4
3	西藏	563.8	2.0

中国目前已探明钾盐储量少，仅占世界总储量的 5.15%，且 96% 以上的钾盐资源集中分布于青海柴达木盆地和新疆罗布泊盐湖，其他省（区、市）储量极少。察尔汗盐湖是中国最大的钾盐生产基地，其中 2021 年钾盐储量为 5.4 亿 t，占全国已探明资源储量的 90% 以上。

（二）磷矿

截至 2021 年底，中国磷储量为 37.5 亿 t。全国磷储量排名前五的地区是云南、湖北、四川、贵州、青海，其储量共占全国总储量的 95.2%（表 2-27）。

表 2-27　2021 年中国磷资源主要分布地区及储量占比（据自然资源部，2022）

排名	地区	磷储量/亿 t	占比/%
1	云南	15.0	40.0

表2-27（续）

排名	地区	磷储量/亿 t	占比/%
2	湖北	7.8	20.8
3	四川	7.1	18.9
4	贵州	5.2	13.9
5	青海	0.6	1.6
6	江西	0.6	1.6
7	山西	0.4	1.1
8	湖南	0.3	0.8
9	安徽	0.2	0.5
10	河北	0.2	0.5

（三）石墨

石墨矿产分为晶质石墨与隐晶质石墨。截至2021年底，中国晶质石墨储量为7 826.3万 t。全国晶质石墨储量排名前五的省（区）为黑龙江、内蒙古、吉林、陕西、山东，其储量共占全国总储量的95.1%（表2-28）。

表 2-28　2021年中国晶质石墨资源主要分布地区及储量占比（据自然资源部，2022）

排名	地区	储量/万 t	占比/%
1	黑龙江	5 113.2	65.3
2	内蒙古	1 827.2	23.3
3	吉林	196.5	2.5
4	陕西	174.0	2.2
5	山东	130.9	1.7
6	甘肃	108.1	1.4
7	四川	88.8	1.1
8	山西	39.0	0.5
9	福建	34.3	0.4
10	云南	33.4	0.4

截至2021年底，中国隐晶质石墨储量为839.6万 t。全国隐晶质石墨储量排名前三

的地区为吉林、湖南、福建,其储量共占全国总储量的 98.87%(表 2-29)。

表 2-29 2021 年中国隐晶质石墨资源主要分布地区及储量占比(据自然资源部,2022)

排名	地区	储量/万 t	占比/%
1	吉林	473.4	56.38
2	湖南	238.9	28.45
3	福建	117.8	14.03
4	安徽	7.4	0.88
5	陕西	2.0	0.24
6	辽宁	0.1	0.01

中国石墨资源分布广泛,地理格局上呈现出东北多、西南少的特点。中国石墨资源主要分布在黑龙江、山东、内蒙古、吉林和湖南 5 个省(区)。上述 5 省(区)保有储量在全国总储量中的占比近 90%,形成了位于黑龙江省鹤岗市萝北县、鸡西市密山市,山东省青岛市平度市和内蒙古自治区乌兰察布市兴和县的 4 个晶质石墨开发基地以及位于吉林省吉林市磐石市和湖南省郴州市北湖区鲁塘镇的 2 个隐晶质石墨基地(颜玲亚等,2018)。黑龙江省是中国的石墨资源大省,石墨储量居全国之首,其中晶质石墨储量占全国总储量的 60% 以上。黑龙江的林口西北楞石墨矿床和双鸭山西沟石墨矿床是国内特大型晶质石墨矿床,其中林口西北楞石墨矿床资源量为 3500 万 t、双鸭山西沟石墨矿床资源量为 2300 万 t,潜在经济价值巨大(张艳飞等,2022)。

(四) 萤石

截至 2021 年底,中国萤石储量为 6 725.2 万 t。全国萤石储量排名前五的省(区)为江西、浙江、湖南、福建、内蒙古,其储量共占国内萤石总储量的 74.0%(表 2-30)。

表 2-30 2021 年中国萤石资源主要分布地区及储量占比(据自然资源部,2022)

排名	地区	萤石储量/万 t	占比/%
1	江西	2 040.5	30.3
2	浙江	1 048.7	15.6
3	湖南	866.4	12.9
4	福建	570.8	8.5
5	内蒙古	447.8	6.7

表2-30（续）

排名	地区	萤石储量/万 t	占比/%
6	四川	308.3	4.6
7	河南	255.4	3.8
8	安徽	233.0	3.5
9	河北	168.4	2.5
10	青海	158.3	2.4

南岭成矿带是中国最重要的萤石矿聚集区之一。近年来，在该成矿带，萤石找矿取得了较大的进展和突破，如发现道县魏家特大型钨-萤石矿床、宜章县界牌岭萤石矿床和江西省石城县楂山里萤石矿床（方贵聪等，2020）。

第三章

矿产资源供给

第一节 矿产资源供给概况

一、矿产资源供给的定义

经济学中的"供给"是指生产者于一定时期内在各种可能的价格下愿意且能够提供出售的商品的数量。

矿产资源供给是指在现有技术条件下，能被开采及利用的矿产资源的数量。提及矿产资源的供给，既要考虑那些能被开采出来的部分，又要考虑那些能被人类利用的部分。从时间维度看，矿产资源的供给既包括对当前使用和消费需求的供给，还包括对未来使用和消费需求的可能供给。

矿产资源供给主要分为一次供给和二次供给。矿产资源一次供给又分为国内供给和国外供给，前者关注的是对本国领土内的矿产资源的开发利用，后者关注的是如何从国际市场获取矿产资源。矿产资源二次供给主要是指资源循环利用，关注的是对经济社会发展过程中矿产资源蓄积量的回收利用能力。资源的回收利用，使一些废石变成矿石，使一些非传统的矿产资源得到了充分开发利用，从而缓解了一些短缺矿种供不应求的矛盾。比如应用超细粉末碳酸钙制作彩色水泥涂料，可使方解石矿产资源发挥极大作用，节省投资，降低能耗；应用玻璃用砂去杂提纯的科研成果，可使玻璃用砂矿产资源开发步伐加快。近年来，中国的废金属回收得到了推广，大量的废品已进入回收和再利用的窗口期，预计将会减少对原矿的消耗。

矿产是人类社会劳动生产最初始的对象。矿产资源是国民经济、社会发展、国防建设、居民生活的物质基础。随着改革开放的深入推进,中国社会经济正向高质量发展转变,矿产资源需求巨大,一些重要矿产资源安全供应的不稳定因素明显增加。当前的霸权主义战略压制和国际贸易保护主义抬头也给中国矿产资源的供给带来了新挑战。因此,深入开展矿产资源供给研究,着力提升矿产资源供应链、产业链的稳定性,对于当下保障中国矿产资源安全具有重要的理论意义和现实意义。

二、中国矿产资源供给的特点

矿产资源作为重要的非可再生资源,其供给与矿产资源的储量密切相关。中国幅员辽阔,矿产资源相对丰富,种类比较齐全。一方面,截至 2021 年底,中国已发现 173 种矿产资源,其中,已查明的资源储量占世界总矿产值的 14.6%,位于全球第三,并且多种矿产产量位居世界前列(干勇等,2022)。另一方面,随着中国矿产资源品位的逐年降低和开发利用程度的逐渐提高,开采深度和难度加大,尾矿、废石等潜在资源堆存量呈现与日俱增的趋势。总体来说,中国矿产资源供给优劣并存,主要表现出以下特点。

(一)种类丰富,但人均探明储量及占有量较少

中国的矿产资源种类丰富,其中,钨、锡、锑、稀土、钛、石膏、膨润土、芒硝、萤石、菱镁矿、石墨等优势矿产资源储量在世界各国中排名第一;钼、铅、锌、锶、磷、石棉、滑石等储量也较大,排名居世界前列。但是,由于中国人口数量庞大,其矿产资源人均探明储量仅为世界平均水平的 58%,在全球处于第 53 位,多种金属矿产的人均占有量低于世界人均水平。

(二)"贫"多"富"少,重要矿产资源缺口较大

中国矿产资源的储备规模和储备种类不能完全满足资源安全发展的需要。在矿床规模和分布方面,中国地质条件复杂,成矿叠加作用突出,很多矿床是由多种矿物共生或伴生组合而成的综合性矿床,单矿种矿床少,综合利用水平较低。中小型矿床多、大型和超大型矿床少,贫矿多、富矿少,坑采多、露采少。十余种矿产资源的供应链长期存在结构性短缺问题(吴初国等,2021),具体表现为一方面油气资源匮乏,另一方面一些具有优势的矿产有较大部分是非大宗使用的矿产,而部分需求数量较大的矿产资源储量却明显不足,特别是锂、钴、镍、铂等关键矿产资源相对短缺。铬矿等一些大型和超大型矿床则分布于西部边远地区,开发难度大。

(三)矿产资源对外依存度高

中国矿产资源消耗量大,某些关键矿产资源保障水平较低,必须从其他国家进口以满

足自身需求,供应存在外源风险(李杨,2018;成金华等,2021),这导致中国容易遭遇矿产资源短供、断供的困境。中国部分矿产资源的主要进口来源国如表3-1所示。

表 3-1 中国部分矿产资源的主要进口来源国

矿产资源名称	主要进口来源国
原油	沙特阿拉伯、安哥拉、伊朗、阿曼、俄罗斯、澳大利亚
煤炭	澳大利亚、印度尼西亚、俄罗斯、蒙古国、朝鲜
铁矿及其精矿	澳大利亚、巴西、印度、印度尼西亚、加拿大、秘鲁、俄罗斯
锰矿及其精矿	南非、澳大利亚、加蓬、巴西、俄罗斯、加纳
铜矿及其精矿	智利、秘鲁、蒙古国、澳大利亚、墨西哥、美国
铬矿及其精矿	阿尔巴尼亚、巴西、土耳其、澳大利亚、意大利、伊朗、哈萨克斯坦
氧化铝	澳大利亚、奥地利、巴林、比利时、加拿大、智利、日本

(四)矿产供应安全面临着新的挑战

2021年5月,世界银行在发布的《矿产和金属在低碳未来中发挥越来越重要的作用》报告中强调,低碳能源技术预期的持续高涨将对许多矿产和金属需求产生影响,进而冲击全球矿产资源勘探开发利用成本。可以预见的是,全球矿产资源供需格局将面临重构。随着"碳中和"战略的深入以及战略性新兴产业的发展,中国作为保障世界矿业供应链平衡、稳定和开放的有生力量,矿产供应安全面临着新的挑战。相较于一些关键矿产资源需求量的高速增长,中国主要的矿产资源供给仍处于全球产业链的中低端,在全球价值链上缺少发言权,而未来的矿产资源供求矛盾将更加严重。

三、矿产资源可供性的评价方法

矿产资源可供性评价是指在综合考虑地质条件、价格波动、技术进步、环境约束等因素的情况下,推算特定矿产资源在一定经济条件下的可供储量与可供产量,其核心是确定矿产资源对经济社会发展的一次供给能力。可供矿山的储量称为可供储量,其产量称为可供产量。将一定空间范围内的矿山可供性情况汇总,则是一个国家或者地区可以用来满足市场需求的矿产资源总量。

确定矿产资源的可供量,必须结合矿产资源开发的内外部技术经济条件、矿产品单位成本、矿产品市场价格以及它们之间的相互关系进行定量评价。以某特定矿山为例,当矿产品的市场价格高于矿山开发的矿产品单位成本时,意味着矿山开发存在获利空间,则该矿山会进行生产活动,也就是说,该矿山是可供的;反之,当矿产品的市场价格低于矿山开发的矿产品单位成本时,则该矿山会停止生产活动,即该矿山是不可供的。

矿产资源可供性评价侧重于对供给能力的预测与评价。最初,矿产资源可供性评价基于储采比,即储量与产量的比值。虽然储采比可以在一定程度上反映矿产资源的供给能力,但储采比的静态特征和严苛的假设条件,导致其参考价值并不大。考虑到环境、技术等因素的多重影响,学者们相继提出了其他方法和模型用于矿产资源的可供性评价分析,主要分为微观尺度的财务模型、地质类比法和宏观尺度的 Hubbert 模型。

（一）财务模型

美国地质调查局最早于 1969 年将基本财务模型运用在矿山的可供性评价中。目前,财务模型是世界各国用于矿产资源可供性评价的重要工具。在运用财务模型时,首先构建一个分析系统,再运用矿山层面的数据,计算研究区域内的矿山成本,然后结合不同情景下的市场价格,评价矿产资源在不同价格下的可供性。

该方法对矿山数据的要求极高。由于矿山层面缺乏统一的数据统计标准,同时数据的完整性较弱,获取成本高,因此,在实际运用该方法时,即使有较大的投入,也难以保证数据的可靠性。

（二）地质类比法

地质类比法是以某些已开发矿山或矿区作为类比标准,通过对地质、经济等关键参数的比较分析,对新矿区或矿山进行技术经济评价,从而预测矿区或矿山矿产资源可供性的方法。计算公式如下

$$P_S = P_X \cdot \mu \cdot \varepsilon \cdot \theta$$

$$\mu = \frac{Q_{jb}}{Q_{js}}; \varepsilon = \frac{C_{pb}}{C_{ps}}; \theta = \frac{A_b}{A_s}$$

式中：P_S 为待评估矿区或矿山矿种的可供价格(元/t);P_X 为参照的矿区或矿山矿种的可供价格(元/t);μ 为规模调整参数;ε 为品位调整系数;θ 为差异要素调整系数。在矿产资源 3 个调整参数的计算中,Q_{jb} 为待评估矿区或矿山的探明储量(t);Q_{js} 为参照的矿区或矿山的探明储量(t);C_{pb} 为待评估矿区或矿山的平均地质品位(%);C_{ps} 为参照的矿区或矿山的平均地质品位(%);A_b 为待评估矿区或矿山的差异要素评判总值;A_s 为参照的矿区或矿山的差异要素评判总值。

地质类比法在运用时往往对待评估矿山和参照矿山两者之间的相似性有较大的要求。例如,要求待评估矿山和参照矿山在空间上相近,在地质成矿过程中的条件类似,采选技术差异不大。该方法通过少数样本就能够推测全部矿山的可供性,在一定程度上解决了财务模型在数据缺失时无法计算的问题。在实践中,该方法在中国矿产资源保障程度的论证分析方面取得了一定的成效,能够从一定程度上真实反映中国矿产资源的可供性。例如,江光宇等(2017)曾通过引入规模调整系数、品位调整系数、价格调整系数、差异

要素调整系数,采用地质类比法对中国的铝土矿可供性进行分析。同时,该方法的局限性在于对调整系数的设定往往过于主观,评估结果不一定精确。

(三) Hubbert 模型

Hubbert 模型是一种从宏观层面对矿产资源可供性进行评价的方法,其原理是假定矿产资源的产量是一条正态分布曲线,通过计量经济方法估计正态分布曲线的参数,利用最终可采资源量作为相关参数,进而预测矿产资源可供产量。早期该模型主要用于预测全球或者特定国家的石油等能源的可供性。Hubbert 模型在非能源矿产领域也有运用,尤其是金属矿产领域。例如,李天骄等(2019)曾应用 Hubbert 模型分析中国 10 种有色金属矿产(铜矿、铝土矿、锡矿、钴矿、锌矿、钨矿、锑矿、铅矿、镍矿、钼矿)产量峰值年限。

除了上述评价方法和模型,有学者还通过多主体复杂网络模型来模拟矿产资源供应链中的各主体行为与互相影响,从而分析矿产资源长期的供给能力(Riddle et al.,2015)。还有学者通过系统动力学构建了矿产资源全产业链流通模型,用于预测矿产资源长期的供给形势(Sverdrup,2014)。伴随着人工智能技术的成熟,神经网络算法也被用于矿产资源需求情景分析、矿产储量预测与可供性研究中(龚婷等,2014)。

第二节 矿产资源供给的影响因素

影响矿产资源供给的因素主要包括地质因素、经济因素、技术因素、政治因素和生产者预期。其中,地质因素为自然因素,它依赖于矿产资源在地壳中的富集方式和富集程度;其他因素是人为因素,与人类社会对矿产资源开发的能力息息相关,既可以直接影响矿产资源的供给,同时各因素之间又能相互影响。

一、地质因素

由于矿产资源需要在特定的地质环境,经过长时间演变才可形成,因此矿产资源在地质方面具有稀缺性。地质因素包含地层岩性、矿床产状、地质构造、矿岩力学性能、矿石品位及选冶性质、矿产共生情况等。矿床(矿体、矿石)形成的关键,是使某些金属和非金属等有用物质富集成矿的地质因素,即人们通常所说的成矿地质条件,也就是成矿的物质基础条件。如果没有物质基础,任何矿床都不能生成,任何大矿富矿的生成都必然有雄厚的物质基础条件。从地理位置和环境来看,中国位于欧亚大陆东部,濒临太平洋,地域辽阔,地质地形复杂,南方和北方的地质环境差异较大,矿产资源的分布也比较零散且广泛,造成了大矿数量较少、小矿数量较多的局面,因此有必要加强矿产资源储备。

矿产资源储备包括商业储备和战略储备两方面。商业储备可以发生于生产与交换的各个阶段。在采选企业，常有精矿储备；在冶炼厂，可能储备精矿，亦可能储备金属，或者兼而有之；在加工制造工厂，一般有一定量的金属储备。进行商业储备的原因，可能是为了满足生产对原料的需求，也可能是运力不足，还可能是为了等待有利的市场行情。另一种重要的商业储备场所是矿产交易市场，这样的储备对矿产市场起着重要的调节与稳定作用。

矿产资源的战略储备也会影响矿产资源供给。矿产资源的战略储备是国家政府出于政治、国防等因素的考虑而实施的储备。主要的战略储备矿产有铬、锰、镁、锡、钨、锑、钴、石油等。矿产资源战略储备对于维护国家安全和经济可持续发展意义重大。在受到外来攻击或面临经济封锁时，一国倘若没有充足的矿产资源储备作为保障，该国的矿产资源供应链就容易被切断，甚至无法保障战时的军需物资，进而导致战争失败。为了克服短期的供应困难或不可预料的物价波动，许多工业化国家都设有体现战略储备功能的国家仓库。美国是实施战略储备政策最早，储备矿产品种最多、数量最大的国家。战略储备对矿产市场及价格亦有一定程度的影响。

二、经济因素

受全球新冠肺炎疫情的冲击，国际石油价格持续波动，铁矿石等矿产资源的价格暴涨，中国矿产资源安全再次受到威胁。在矿产资源价格固定的情况下，如果矿产资源生产成本增加，利润相应地减少，生产者就会减少供给量；相反，如果矿产资源生产成本下降，供给量就会增加。在生产技术既定的条件下，生产者所使用的投入品的价格（包括资金成本、人力成本、物流成本、土地成本等）是决定矿产资源生产成本的关键因素。例如，在中国，人口增加、下岗工人返乡安家等人力因素造成了土地补偿事宜的复杂性，而这一问题也直接影响到煤、金、铁等矿产资源的供应。这是因为，生产要素价格提高会促使生产成本增加，进而使得矿产资源的供给量减少。矿产资源的供给量除了受矿产资源本身价格的影响之外，还受到其他多种经济因素的影响。

经济趋势也属于经济因素。一般而言，随着全球经济一体化，经济活动逐渐活跃，各国对矿产资源的需求量就会上升，这会促进矿产资源供给的增加。例如，1900—2000年期间，美国经济总体上行，矿产资源需求的增加推动供给量上升。相对而言，美国的矿产资源供给在1930—1940年大萧条时期及1980年经济衰退时期急剧减少（Wagnerla，2002）。再如，1985年，刚果（金）铜矿产量占全球的7%，钴矿产量占全球的62%。然而，1996—2003年爆发的两次内战引发了这一时期刚果（金）经济的崩溃，再加上国际铜价、钴价的下滑，至少价值20亿美元的外国矿业投资无法正常开展，铜矿开采一直被搁置，这一时期刚果（金）的年铜矿产量只有2~5万t。

三、技术因素

在投入既定的条件下,生产者所采用的技术决定了它所能生产的矿产资源数量。技术水平越高,相应的矿产资源供给量就会越大。技术主要可以分为勘探技术和开发技术两类。勘探技术直接影响矿产资源可供储量,开发技术则直接影响矿产资源可供产量。技术要素主要涉及资源采选技术、效率、生产技术密集度、产品加工能力、矿产废弃处理能力等(成金华等,2021)。由于国民经济高速增长,中国的矿业工艺、装备与技术水平都获得了较大的提高。相关研究以矿业普查技术攻关、共生分离、生物选矿等新工艺的研究开发为主,直接提升了中国矿业的勘探开发利用能力和质量;而循环再造工艺的技术突破则利用了循环效应,使可被再利用的能源种类增加、质量提高,从而促进了资源的节约和综合利用,对中国矿产供给能力产生了一定影响。近年来,中国矿产资源开发效率总体处于较高水平。有数据表明,铁矿、铜矿等大宗金属矿产资源开采回采率约为90%,选矿回收率为85%;我国大中型矿山采选技术设备、智能采矿和信息化进步明显。

四、政治因素

政治因素泛指那些对矿产资源供给具有一定影响力的国际政治活动,以及国家的政治制度、政治体制、政策措施、法令法规、民众对政治的参与度等。由于矿产资源行业的大多数单位具有公益性和服务性,因而它们对政策具有较强的依赖性。例如,政府的财政刺激计划可以使得某一企业获得购进矿产资源或者税收方面的优惠,从而促使生产者增加矿产资源供给量。相反,如果政府征收出口关税,那么出口企业就可能减少矿产资源供给量。2008年全球金融危机以来,各国政府都意识到实体制造业是国家经济的重要一环,逐渐推出继续发展制造业的政策,具有较强经济实力的发达国家对矿产资源的争夺开始加剧。从2010年起,中国钢铁产品受到超过17个国家和地区发起的200多起贸易保护主义调查,严重影响了中国钢铁产品的国际贸易和国内相关资源行业的发展。印度尼西亚、菲律宾等主要矿产资源产出国为了实施贸易保护,相继禁止出口原矿,使中国部分矿业企业陷入"无米下锅"的困境,严重地影响了中国的矿产资源供给和工业发展。

在生态文明建设、绿色发展和"双碳"行动大背景下,中国矿产资源开采政策正逐渐趋紧。"两山"理论蕴含的以人为本、和谐共生、责任担当等价值理念是生态文明建设的重要价值遵循,阐述了保护生态环境对人类生存和发展的重大意义。针对矿产资源开发给中国环境带来的突出问题,党的十八大以来,随着"两山"理论的全面深化,中国划定了生态保护区,相关法律法规、规划明确规定各类保护区内禁止勘查开采矿产资源,已设置的矿业权应限期退出。2017年,国土资源部在全国范围内发布公告,开展了保护区内矿业权的清理工作;最高人民法院解释了关于加强自然保护区、风景名胜区、重点生态功能区、生态敏感区、脆弱区等地区的矿产资源勘查与开发的法律法规。随后,国家发展和改革委员会、自然资源部等部门先后出台文件,要求节约和高效利用矿产资源,加强资源综合利用,促进资源效率的不断提高。随着矿产资源开发生态环保措施的持续实施,越来越多的国土空间突出环境功能,矿业勘探开发生存空间日益缩减,矿业勘探开发环保投入日益增加,生态环境管理条件越来越严苛,矿业勘探开发环保管制强度日益增强。

矿产资源供给还受地缘政治因素的影响。例如,陷入地缘政治漩涡的"北溪"天然气管道爆炸事件,对欧洲国家能源价格上涨的影响无法估量。中缅合资莱比塘铜矿的停工复工再停工、中国有色集团收购澳大利亚稀土矿失败等事件也都证明了地缘政治对矿产资源供给的影响。放眼全球,地缘政治格局主要受美国霸权主义影响,矿产资源的供应链与产业链也随之动荡。比如,中国许多海外矿产投资项目进展不畅就源于美国一直在战略上打压中国在国外的资源权益。从发展趋势看,大国博弈、能源地缘政治竞争将会向与新能源技术紧密相关的关键矿产领域转移。如果地缘政治不确定性加剧,矿产资源供应的潜在风险将增加。

五、生产者预期

生产者对矿产资源供给量的各种影响因素的预期同样会影响当期矿产资源供给量。如果生产者对未来经济形势、市场前景持乐观态度,比如预期矿产资源价格上涨,那么就会增加矿产资源产量,以便满足当期市场需求,也为将来增加矿产资源的供给做准备;相反,如果生产者对未来持悲观的预期,则会减少当期矿产资源供给量,避免下期出现较多的库存。

第三节 中国矿产资源供给存在的问题与对策

一、中国矿产资源供给存在的问题

总体来看,矿产资源的供应涉及经济竞争、技术进步、地缘政治和生态环境等诸多因素,矿产资源的供应问题主要表现为矿产资源在勘探、开采、运输、加工、存储、采购、销售的某些环节上存在堵点和脱节,导致市场供应短缺或中断。

(一)矿产资源供给政策、制度不完善

1. 矿产资源高效开发利用政策和标准的作用不足

中国现行矿产资源高效开发利用政策的鼓励和引导作用不理想。如仅有的执行至2027年底的"对充填开采置换出来的煤炭资源减免50%资源税"的优惠政策,很难抵消充填采矿所带来的额外费用,因此急需更多的税收减免优惠政策。

此外,中国矿产资源有效开发利用的标准不够明确、约束力较弱,主要集中在关于资源综合利用术语、"三率"①指标要求与计算等方面缺乏对矿产资源开发利用全过程的系统化技术标准。

2. 监管工作存在漏洞

矿产资源有效开发利用监督管理体系还不健全,中央及地方自然资源部门的监管能力不强,监管数据资料存在失实、丢失问题。监督管理方面之所以出现问题,是因为中国矿山数量大且其中绝大多数是井工矿山,与外界的联络较少,无法获得充足的信息,而矿产资源监管工作要求相关人员的专业性强并且具有技术基础,再加上受监管技术的制约,矿产资源监管难度大。

3. 矿产资源开采利用等环节管理衔接不足

目前中国战略性矿产资源在开采、获取、储备、运输、利用、回收各环节仍处于分散化状态,实际工作中很容易出现"合成谬误"和"分解谬误",一些政策只能起"打补丁"作用,效力有限,个别政策甚至有较大的负效应。中国制定了稀有金属矿产资源保护制度,对钨、锡、锑、稀土等资源,实行开采总量控制、出口配额、行业准入、矿业权管理等,但钼、锗等还没有专门的管理政策。

(二)矿产资源综合开发利用的核心技术短缺

中国在矿产资源综合开发利用方面存在技术短缺,产业链上能有效提升资源综合开发利用能力的新技术、新工艺、新装备缺口依然较大。例如,稀土的核心专利主要被日本和美国掌控,比较适合中国原料和燃料条件的非高炉炼铁的Finex新型专利技术则由韩国浦项钢铁集团所掌握。

同时,中国在矿产资源领域的领先性、原创性成果不够突出。近年来,随着创新驱动发展战略的深入实施,中国矿产行业和能源行业在世界范围内取得了领先地位。但在全球产业从资源驱动向创新驱动变革的过程中,中国某些前沿或先进技术存在不足,例如,

---

① 三率:指矿山开采回采率、选矿回收率和综合利用率。

中国所掌握的"手撕钢"等具有完全知识产权的前沿引领性技术还不多。其原因在于：政府对知识产权保护欠缺，矿产资源科技研发目前以政府财政投入为主，先进技术推广平台尚不健全，当前在煤炭伴生资源领域的深度研究尚需突破，矿山企业对研发应用先进技术的积极性和主动性不高。

（三）矿产资源储量管理有待健全

1. 矿产资源储量管理的立法滞后

中国在矿产资源储量管理方面尚未建立独立的法律体系，只能在矿政管理的相关法律法规之中找到部分储量管理的规定，矿产资源战略储备法律地位不明确。例如，《中华人民共和国矿产资源法》中对矿产资源储量管理的规定非常笼统，导致矿产资源储量评审备案、矿产资源储量信息发布等具体制度的法律依据不足，执行落实不畅，数据真实可靠性受到影响；缺少矿产资源储量管理方面单行的国务院行政法规，对矿产资源储量管理的内涵、定位、目标、任务、手段措施等没有明确规定。

2. 矿产资源储量管理制度不完善

中国缺乏对固体矿产储量数据的管理要求，导致无法全面掌握矿产资源"家底"情况。如在采矿证延续、变更以及矿山储量年报编制或核实报告编制中均未要求已生产矿山企业提交储量数据。此外，中国矿产资源储量数据质量责任主体不明、监管不力，存在矿产资源储量报告造假、评审流于形式，矿业权人不积极履行矿产资源储量登记统计义务等问题。例如，对于矿产资源储量数据质量的责任主体，是地勘单位、矿业权人、矿产资源储量评审机构、矿产储量评估师，还是自然资源主管部门，当前的矿产资源储量管理制度中尚无明确规定。再如，目前的体制缺乏能够有效地制约申请人（包括矿业权人）、报告编制单位在储量报告和储量年报编制中弄虚作假行为的监督惩戒措施。

3. 矿产储量管理分散且定位模糊

如今，中国仍然未对矿产资源产能储备和产地等进行统一管理。中国石油储备、矿产品、矿产地储备分别由国家石油储备中心、国家物资储备局及自然资源部中央地质勘查基金管理中心负责管理。

同时，政府与协会之间关于权利和责任的划分还不够清晰（陈敏等，2020）。现行储量管理制度不仅让政府部门评审备案用于申请采矿权的储量报告，还让其评审备案用于上市融资、矿业权转让等市场行为的储量报告，让政府部门过多地承担了市场主体的责任。另外，该交由市场管理的，如具有中介服务性质的矿产资源储量评审备案业务却由政府管理了，降低了政府管理效能，加重了行政管理工作负担。

4. 矿产资源储量和储备种类没有适应资源安全发展形势

当前,中国矿产资源的储备规模和储备种类不能满足资源安全发展的需要。与发达国家相比,中国大宗矿产如铁矿石、原油、铜、有色金属等的储量与发达国家相比存在着巨大的差距。在矿床规模和分布方面,中小型矿床占比较大,大型和超大型矿床少,铁、铜、铝等主要矿产资源均以中小型矿床为主,铬矿等一些大型和超大型矿床则分布于西部边远地区,开发难度大。与此同时,中国地质条件复杂,成矿叠加作用突出,很多矿床是由多种矿物共生或伴生组合而成的综合性矿床,单矿种矿床少,综合利用水平较低。

目前,中国紧缺矿产品的对外依存度均达到较高水平,矿产资源安全保障依靠海外权益矿。据不完全统计,中资企业在刚果(金)、几内亚、印度尼西亚、澳大利亚等66个资源国布局投资了近640个矿山项目,在铁、铜、铬、锂、钴、镍等紧缺矿产资源方面已经占有了一部分资产,其中铜、镍、铝等矿种海外权益储量已超过国内查明资源储量。部分矿种权益产量远超国内,如从紫金矿业披露的2021年度财务报表中可知,该公司全年矿山铜产量达58.4万t,其中权益矿山铜产量达48.5万t,权益产量占比83%。

(四)矿产资源价格波动,勘探开发投资不稳定

国际重大事件可能使矿产品价格发生波动。2022年发生的突发和极端事件相对较多,较为典型的是俄乌冲突事件,美国和西方一些国家对俄罗斯实施包括能源、经济等领域的全面严厉制裁,使得天然气价格持续上涨,尤其是"北溪二号"管道爆炸后,天然气价格再创历史新高,直接将欧洲拖入"断气"的困境。中国是全球最大的油气资源进口国,因为天然气价格上涨,上半年中国油气进口呈现"量减价增"态势,并付出了高昂的经济代价。面对矿产资源价格波动,国内矿产资源的减少使中国在一定程度上丧失了平抑国际市场价格的能力。作为全球最大的铁矿石需求方,中国长期缺乏定价权已成为业界之痛。尽管定价话语权缺失背后因素复杂,但业界普遍认为,国内铁矿石开采过少,缺乏平抑国际市场价格能力,是任由铁矿石价格大幅上涨的一个重要原因。铁矿石等大宗矿产品价格快速上涨及向下游传导,提升了中国整个钢铁行业乃至全社会运营成本。

若关键矿产资源(铟、镓、锗等)价格的波动幅度显著高于大宗矿产,影响生产者及投资人员对相关矿产资源的预期,就会出现部分矿产资源供不应求或者供大于求的情况,导致供应市场的脆弱性日益突出。近年来,国内矿产资源勘探开发支持严重不足,矿业市场投资规模萎缩。从2010年至2021年,中国探矿权和采矿权数量下降幅度高达65%,产业固定资产投资减少,直接导致部分重要矿产产量缩减(干勇等,2022)。特别是2012年以来,中国地质勘查投入逐年减少,造成储量增速放缓,储量增长赶不上产量增长,储产比大幅下降,资源国内供给和保障程度不断走低。

二、解决矿产资源供给问题的对策

21世纪,中国经济发展进入"新常态",为了保证矿产资源的安全,必须根据不同的矿产资源、不同的时期和不同的情况,制定相应的底线指标。在制度设计上强化宏观调控、完善法规体系,强化政府在资源合理开发和利用方面的管理,建立以调节税费、规范标准、激励约束、示范引领为主要内容的矿产资源节约和综合利用长效机制。在产业层面,努力实现产业链的上、中、下游一体化,提高矿产资源的供应链稳定性、开放性和竞争力。通过资本运作,逐步实现勘探与开采一体化,从而形成一个大而强的实体,完成资源、资产、资本三方面的一体化经营。

(一)完善矿产资源供给政策、制度

1. 完善矿产资源的勘探开发制度

政府要从制度层面保证矿产资源勘查开发权益,促进矿业企业加大对国内矿产资源的勘查力度,加强国内地质找矿,提高矿产资源探明储量,提升国内矿产资源有效供给能力。政府特别要加强战略性矿产资源勘探开发政策的制定与完善,比如制定专门的钼、锗等资源的开发管理政策,弥补矿产资源管理运用的不足。组织实施好《战略性矿产找矿行动(2021—2035年)》,把重点矿种放在突出地位,加大对锂、钴、镍、离子型稀土等关键矿产的勘探投入力度。

2. 调整矿产资源调查矿种布局

政府应根据区域矿产资源禀赋条件和经济发展的需要,调整矿产资源调查矿种布局。一要加强对石油、天然气、非常规油气资源的基础调查,为中国的能源供应提供科学依据;二要加强对锂、铍、锆等小矿种的调研,为战略性工业提供有力支撑;三要加强对对外依赖较大的铜、镍、钴等金属资源的调查,以强化对此类矿产的国内保障。

3. 科学分配矿产资源开采总量

政府要统筹推进矿产资源高效开采利用的顶层设计。自然资源管理部门可从资源禀赋、勘查程度、开发现状、加工能力和技术水平等方面合理配置矿产资源开采总量,引导企业合理开采。例如,政府要加强对煤炭开采总量的监测,引导企业科学组织生产,适当控制开采总量,保持煤炭供需基本平衡。再如,政府对具有工业价值的共伴生钨矿要统一规划,引导企业加强对低品位、共伴生钨矿资源的勘查与综合利用。

4. 完善财税政策的精细化管理配套制度

为促进矿山企业提高矿产资源供给能力,合理降低矿山企业的税收负担,政府需完善财税政策的精细化管理配套制度,建立符合行业、产业发展规律的,有利于企业健康发展的税费政策体系。具体措施包括:扩大税收中的资源利用效率调节系数适用范围,深入开展企业综合税费承受能力研究,确定科学合理的综合税费水平。政府还应研究是否可扩大增值税抵扣范围,实行资源税与资源补偿费合并征收。对高于利用效率标准和尾矿、废石(矸石)等矿山固体废弃物利用好的企业进行奖励或税收减免,加大对达不到指标要求企业的处罚力度。对开发页岩气、油页岩、煤层气等非常规油气资源的企业给予一定的补偿。

5. 借助数据提高监管服务能力

自然资源部门需要掌握资源储量、能源利用水平、"三率"等关键数据,建立以"三率"为核心的矿产资源高效利用动态监测数据库,借助数据提高监管服务能力,积极应对因突发事件导致的矿产品供应中断。

6. 加强矿产资源"三率"标准制修订与升级

政府应参考国外先进技术标准,以矿产资源开发利用动态跟踪调查工作为基础,按照先易后难、统筹规划、分步实施的原则,逐步制定更新一批技术标准规范,优化开采回采率和选矿回收率等技术指标,加快完善以"三率"为核心的矿产资源高效利用标准体系。

(二)加强研发投入,实现技术创新,重视人才培养

创新是供给侧结构性改革的动力,是提升企业和事业单位竞争力的关键所在,要充分认识到创新和培养人才的必要性。

1. 加强研发投入

政府要发挥宏观调控能力,加大技术研发力度和研发深度,促进矿产资源节约与综合利用。从具体研发主体来看,中国钨企业规模小、数量多、产品档次低、产业集中度不高的现状尚未得到根本改变,企业自主创新不足、产品优化升级落后、行业战略整合滞后现象依然存在。建议国家鼓励企业技术改造,对企业实现自主创新先进工艺技术及装备实施的技术改造提供资金支持,加快产品结构调整和产业升级。从研发客体来看,非金属矿物加工技术研发涉及领域广、难度大,但技术进步对行业发展具有决定性作用和意义。国家要加大对非金属矿工艺技术、装备非金属矿应用与基础研究等方面的支持力度,支持非金属矿加工的共性技术、重大关键性技术以及高技术产品的应用技术研发,支持以产学研为核心的产业联盟建立,组织上下游产业共同研究,以产业化模式加快技术进步,推动全行业技术升级。

2. 促进科技手段的应用和先进技术的及时转化

矿产企业要积极应用遥感监测、无人机摄影等先进的手段和方法,实现管理现代化。在科技高速发展的背景下,为了提高矿产资源勘查深度和精度,矿产资源企业要推动"大数据""云计算"逐步应用于大型矿产勘查开发基地、矿集区、整装勘查区的系统地质勘查和找矿预测。此外,政府要搭建技术攻关与推广平台,拓宽矿业企业技术信息获取渠道,提高先进技术的转化率和普及率。矿产资源开发企业之间还应加强先进技术资料的共享和交流,使先进技术资料的实际应用价值得以体现,以便提升对问题的综合认知,为将来相关学科的发展及人才的培养提供支撑。

3. 培养专业人才

矿产资源企业应优化人员结构,提高专业技术人员占比,同时适当引进战略性人才,制订人才培养规划,加强与科研单位和高校的合作,使理论与实际紧密结合,将科技转化为生产力;加强文化建设,宣传矿产行业工作的重要性。专业人员要提高对矿产资源行业的认同感,在做好自己专业的基础上,要加强综合知识的学习,做到一人多能,精专业而广学识。

(三)健全矿产资源储量管理

1. 强化法律法规支撑

法律法规的制定可为健全矿产资源储量管理制度提供基础保障。首先,应该继续加快修改《中华人民共和国矿产资源法》,为矿产资源储量管理的各项制度设计和改革提供法律依据,满足中国现阶段矿产资源管理的需求。其次,要明确矿产资源的战略储备的法律地位。中国目前存在三种类型的矿产资源储备立法,第一类是以矿产资源为主要储备目标的综合储备立法;第二类是产业储备立法,将矿产资源储量纳入与矿业有关的产业;第三类是战略矿物立法,它主要针对特定的矿产资源。最后,应尽快制定出台《矿产资源储量管理条例》,对矿产资源储量管理中各类具体制度的定位、作用、相关主体责任、运作机制、措施进行明确界定,避免矿产资源储量管理制度建设和实施的混乱。

2. 加强信息化建设

政府应整合和更新已有的储量登记数据库和矿产资源统计数据库,建立一个互联的储量管理信息平台,加强数据自洽检查、查询分析、成果展示应用等功能,实现数据共享共通,不断提升储量管理部门的现代化管理能力,更好地为用户进行重要矿产资源查询、辖区内矿产资源家底统计等提供服务。

自然资源部门应完善矿山储量动态监管总体制度设计,重新明确矿山储量动态监管制度的定位、目的和内涵,各有关主体的权利和义务,制度的总体框架和运作机制,以及制度运行的各项保障措施。还需加强对矿山储量年报的监管,组织专家对年报数据真实性及编制质量进行抽查,确保有财政经费用于保障抽查工作。一是加强对报送评审登记原始资料真实性的审查,建立健全与社会主义市场经济相适应的矿产资源储量登记和统计管理体系,实现矿产资源储量登记、备案、动态监测等管理制度的有机衔接,形成较为完整的管理链条和有效的管理机制。二是加强评审备案事中、事后监督管理,加强评审监管制度建设,强化对评审主体和评审行为的监督,科学界定矿产资源管理评审业务与中介咨询业务的界限,建立矿产资源储量评审专家和评审机构的新陈代谢机制。三是完善社会信用制度体系,对在评估审批、储量年报编制工作、矿产资源统计等项目中弄虚作假的主要责任人实施相应的准入控制,对社会失信行为者实施联合惩戒,促进形成诚信的社会氛围。

3. 发挥各主体作用

根据储量管理的定位,明确审批和备案情况,以掌握矿产资源储量为中心,理清政府与市场管理边界。对于上市融资、矿业权转让等市场行为,将其移交给市场,实现市场在资源配置中的决定性作用。政府要明确矿产资源储量情况,要对已审核备案的资源储量开展进一步检查,确保最新评审备案的资源储量成果信息能够及时录入数据库和纳入矿产资源统计。政府在储量管理中应注意以下两点:一是整合评审备案与储量登记;二是改变矿山储量年报报送方式。

发挥各主体优势需要根据国内外关键矿产资源的供求关系、资源的可替代性和回收率等因素,确定不同矿种动态、合理的储备规模,并且以此为导向,形成以政府为主导、企业为主体,金融支持、市场运作的运行构架,实行矿产资源储备统一管理和分层经营相结合的管理模式,最终目的是形成中央、地方与企业共同参与的完善的矿产资源储备体系。对各主体而言,中央政府形成以资源安全和经济平稳运行为目的的战略储备,地方政府形成以区域经济持续发展为目的的经济储备,企业形成以扩大利益为目的的短期商业储备。

4. 构建多形式、立体化的矿产资源储备体系

国内方面,完善国家矿产资源收储系统。坚持底线思维,针对当前经济社会发展状况和矿产资源供需状况,在现有的国家商品、资源、产品储备系统的基础上,进一步细化国家战略储备、地方政府商品储备、产业周转储备体系,把企业储备与民间储存体系相结合,形成职责分明的国家收储机构和功能衔接完善的国家矿产资源收储系统,努力降低储备成本,着力防范矿产资源外援供给依赖。适当调整矿产资源储备类型和数量,重点关注国内紧缺的战略性矿产资源情况,动态调整后备矿产资源规模,增强市场调节调峰能力。

国际方面,积极参与全球矿产治理。结合中国面临的国内国际矿产资源形势以及中国经济社会可持续发展的要求,必须保障矿产资源供应的安全。许多重要矿产资源的中后端产品由资源国向加工国转移,由此产生的贸易冲击影响重大。因此,中国要积极参与全球矿产治理,提高中国在全球矿产资源治理制度建设中的话语权,以满足内需作为矿业高质量发展的起点,充分利用国际、国内两个市场、两种资源,形成以双循环良性互动为前提和国内大循环为主体的矿产资源供需格局,全方位提升矿产资源的可持续性。其一,建立健全多层次、系统化的全球矿产供应风险应对体系,其中涵盖预警、应对和修复功能,全面掌握获得关键矿产风险化解的智能化解决方案。其二,全面提升关键矿产资源全球配置能力。中国矿企要更加积极参与国际矿业的合作,把海外权益矿产品作为国内资源的有力补充。中国要加强同"一带一路"沿线各国在矿产资源开发、贸易和产品深加工等领域的密切合作,深化资源、技术和产业的有效对接。积极寻求矿产资源进口国的多样化,包括通过对外投资、获取国外经营权等途径与相关国家进行合作,丰富矿产资源的来源,确保重要矿产资源的供应。

(四)推进矿产资源供给侧结构性改革

面对矿产资源行业的"新常态",矿产企业应以去产能为突破口,抓住城市智能化发展、绿色环保、数字矿山等方面的潜在市场需求,提高行业对需求变化的适应性与灵活性,去产能、调结构。

1. 提升地质找矿的服务质量和核心竞争力

通过对地质勘探技术的优化和升级,矿产企业可以根据自身优势,将经营范围延伸至景观地质、环境地质、城市地理、地质旅游、新能源等行业,以开辟新的经济增长点。横向上,主动寻找由地区差异经济所产生的潜在市场,并随着中国"一带一路"等重大的战略部署而积极走出去,布局广阔的国际市场。纵向上,在共同维护经济、社会、生态环境利益的前提下,从矿产资源的勘查、开采、冶炼、加工、利用、回收与储备等全过程各个环节发力,进行上、中、下游的产业链整合,快速建立利益共享的协作创新机制体制,进而形成大而强的企业实体,完成资源、资产和资本的一体化运营,还可以通过转型转产、退出、兼并重组等途径消耗过剩产能,减少低水平和无效供应,助力推进矿业供给侧结构性改革,保证矿产资源的供给能力。

2. 要分情况、分类别化解过剩产能

第一类是煤炭资源,要优先化解质量差、成本高的中小型煤矿产能。第二类是具有传统优势的矿产资源,在开采利用资源时应做"减法"、去产能。第三类是关键矿产资源,如稀土矿产,今后可以重点研究富余元素镧、铈、钇、铕等的利用空间,促进其回收利用、低能耗工艺开发,减轻原生能源的供给负担,从而在根源上逐步缓解相对过剩现象。第四类是

不具有竞争力且对环境造成严重危害的矿产资源,应优先解决发达地区及生态脆弱区矿山的产能,并促进绿色矿山建设。

(五) 完善矿产资源价格形成机制

宏观层面:要逐渐深化矿产资源定价形成机制的改革,合理加强矿产资源投入。要以资源税费改革为重点,按阶段、分步骤开展资源要素定价机制的改革;规范资源产权市场,及时制止不良竞争,实现市场信息透明化;明晰产权,实现矿产资源有偿开采;建立健全矿产资源价格调节基金制度,对部分资源进行补贴。强化对矿产资源从勘探到开采利用等环节的财政投入力度,引导鼓励社会资金进入相关领域。加大公益性地质工作成果社会服务力度,激发国内矿产勘查市场活力。

中微观层面:将矿产资源价格形成机制创新与资源税改革和国有企业改革相结合,充分发挥产业发展潜能。通过公平公正的约束及激励定价机制,使企业自主提高定价能力,降低矿产资源价格的波动性。

第四章

矿产资源需求

第一节 矿产资源需求概况

一、矿产资源需求的定义

近年来,中国的矿产资源开发利用取得了显著的成效,矿产资源已经逐渐成为工业部门生产及国民经济生存的必需品。因此,在矿产资源经济研究中,矿产资源需求成为一个重点讨论的对象。矿产资源需求是指对有用组分含量大大超过围岩,或者物理、化学性能大大优于围岩,达到了可供社会现实利用的要求,能够产生经济价值的矿物、岩石及其集合体、堆积体产生的欲望和需求。

二、矿产资源需求的类别

西方学者认为,对生产要素的需求不是直接需求,而是间接需求,又叫"引致需求"或"派生需求"。引致需求(derived demand)是阿弗里德·马歇尔在其《经济学原理》一书中首次提出的经济概念,是指对生产要素的需求,它是由对该要素参与生产的产品的需求派生出来的。

具体地说,产品市场上的需求和生产要素市场上的需求大不相同。在产品市场上,需求来自消费者。消费者为了直接满足自己的吃、穿、住、行等需要而购买产品,因此,对产品的需求是所谓的"直接"需求。与此不同,在生产要素市场上,需求不是来自消费者,而是来自厂商。厂商购买生产要素不是为了自己的直接需要,而是为了用它生产和出售产品,实现利润最大化,获得收益。

更进一步来看,厂商通过购买生产要素进行生产,最终其获得的收益大小,部分取决于消费者对厂商所生产的产品需求数量的多少。如果消费者对某个厂商的产品没有需求,厂商就不能进行生产和出售,从而无法获得收益,因此将不会在最开始的时候去购买相应的生产要素。由此可见,厂商对生产要素的需求是从消费者对产品的直接需求中派生出来的。

目前,消费者对矿产资源的直接需求量较少。矿产资源一般以工业生产资料的形式进入生产企业,经过一系列的加工,形成消费者需要的最终产品。换句话说,矿产资源一般不属于最终产品,而是用作生产最终产品的投入。因此,对矿产资源的需求是一种引致需求。随着经济全球化的深入发展,新技术革命和产业变革的持续推进,推动了全球矿产资源需求结构的转型,特别是对关键矿产的需求剧增将深刻影响全球范围内的资源竞争格局。中国作为发展中大国,在当前可持续发展的背景下,经济正逐年增长,因而产生了矿产资源需求旺盛与资源短缺之间的矛盾。比如,战略性新兴产业的蓬勃发展会增加对关键矿资源的需求,但是中国现存的关键矿产资源可供储量、可供产量较少,不仅短期内难以改善供需不平衡这一现象,而且未来供需缺口形势可能会有所加剧。

从矿产资源需求的使用与消费结构角度出发,可以将矿产资源需求分为使用和消费总量需求、布局需求、使用和消费结构需求三大类。

(一)矿产资源的使用和消费总量需求

从矿产资源的开采,到矿产品的生产,再到对矿产品进行加工以生产出社会物质生产原料的过程,都属于矿产资源的使用和消费过程。值得注意的是,矿产品的初次加工,如金属矿石的冶炼和压延加工,也属于矿产资源的使用和消费过程。基于以上分析,矿产资源的使用和消费总量需求是指在矿产资源的使用和消费过程中对矿产资源的总需求量。

(二)矿产资源的布局需求

矿产资源的布局需求,不仅包括已有生产力布局所形成的不同区域对矿产资源的使用与消费的需求,而且包括由于生产力布局和工业结构的调整与改进所导致的不同区域对矿产资源的使用和消费的需求。例如,主要发展重工业和发展轻工业的区域,存在着对矿产资源的使用和消费不同的布局需求。

(三)矿产资源的使用和消费结构需求

矿产资源的使用和消费结构需求反映了对各种矿产资源不同用途的需求。例如铜,主要用于电器,作此种用途的铜资源量占总用量的58%,用于建筑、工业机械、运输的铜资源量分别占总用量的18%、9%、9%,其他用途的铜资源量占总用量的6%。了解矿产资源的使用和消费结构的经济意义在于可以根据产业和产品的发展规划进行矿产资源的使用和消费需求预测,制定使用和消费规划。

三、矿产资源需求的分析步骤

在分析经济社会发展对矿产资源的需求时,需要进行以下两个步骤。

第一步是找到经济社会在发展过程中对矿产资源开发产业的需求。它可以通过行业部门的投入与产出的关系测算得到。在这里,需要通过编制实物型投入产出表来预测分析行业部门的产品产量,或编制价值型投入产出表来分析预测行业部门的产值。

中华人民共和国成立后,为了适应国民经济的发展,国家越来越重视对矿产资源的投入与开采。根据《中国矿产资源报告 2019》,全国采矿业的固定资产投资由 1953 年的 11.12 亿元增加到 2018 年的 9587 亿元,增长了 861 倍。其中,煤炭开采和洗选业从 3.58 亿元增加到 2805 亿元,增长了 783 倍;石油与天然气开采业由 0.7 亿元增加到 2630 亿元,增长了 3756 倍;黑色金属矿采选业从 2.77 亿元增至 790 亿元,增长了 284 倍;有色金属矿采选业由 2.56 亿元增加到 1020 亿元,增长了 397 倍;非金属矿采选业从 1.51 亿元增至 2223 亿元,增长了 1471 倍。综合来看,中国对煤、金属这方面的矿产资源的需求量较大,随着技术和工业的不断发展,对石油、非金属资源的开发与利用日益增加。在各个产业中,对石油和非金属的需求量比重有所增加,而金属和煤炭的需求量比重有所降低。

第二步是找到矿产资源产业对现存的矿产资源储量的需求。这一步需要从 3 个方面进行。

一是维持已有的简单再生产的矿山消费,找到确定的矿产资源储量。根据现有的探明资源量和(或)控制资源量中可经济采出的部分得到矿产资源储量。一般而言,油气矿产资源储量数据由各油气公司提供,非油气矿产资源储量数据由各省(区、市)自然资源主管部门提供。

二是在维持原有矿产资源的消费基础上促进扩大再生产的矿山消费,通过生产扩建、新建和改建矿山来新增探明储量。

三是要及时解决当前面对的部分矿产资源探明储量少、资源短缺或严重不足的问题,需要通过合理的成矿地质条件找到合适的矿山地址,增加探明储量。

当前,中国矿产资源行业已进入"新常态",尽管矿山地质资源的产能过剩,但在城市智能化、绿色环保、数字矿山等领域仍存在巨大的潜力。因此,以需求为导向的"去产能"和结构调整是当前矿业发展的当务之急。同时,在研究矿产资源需求时,需要注重提高矿产资源的利用效率,实现矿产资源需求与经济增长之间的绝对脱钩。要想有效地提高矿产资源的利用效率,必须减少矿产资源的需求总量,扩大矿产品的经济规模。其主要途径有:改变矿产资源的使用方法,推动矿产资源开发理念的转变,由低价开采到全成本开采;

依托技术突破,大力发展高科技采矿技术,大力发展清洁生产、废弃物资源化等;从强调矿产资源的价值向注重经济效益转变,调整工业体制,实现由矿产资源推动向创新驱动转变,从低端领域向高端领域转变;积极挖掘潜能,运用现代化的经营技术,拓展经营范围。针对供应链的各个环节,既要提升矿产资源的利用效率,又要加强对矿产品的综合回收利用。

四、中国矿产资源的需求现状

中国能源、金属等矿产资源具有巨大的生产能力,许多矿产品产量已位居世界首位。当前,中国进入了工业化中后期发展阶段,矿产资源需求种类多、用量大,矿产资源在国民经济中的基础性、支撑性地位也将长期保持。

(一)化石能源需求

中国是全球第一大能源消费国。统计结果显示,2020年,中国煤炭消费量为4.98×10^9 t,占全球总消费量的54%;石油消费量为6.9×10^8 t,占全球总消费量的17%;天然气消费量为3.28×10^{11} m³,占全球总消费量的9%。

在中国能源消费中,煤炭的消费比例一直在下降,而石油、一次电力及其他能源的消费比例呈持续上升趋势。具体而言,从1953年到2018年,煤炭在中国能源消费中所占比例从94.4%降至59.0%,降幅达35.4%;石油从3.8%增至18.9%,增加了15.1%;一次电力及其他能源从1.8%增加到14.3%,增加了12.5%。

在碳达峰、碳中和("双碳")背景下,中国应控制能源消费总量,持续优化能源消费结构,积极实施煤炭清洁高效利用;有序提高风能、核能、生物质能等可再生能源在一次能源供应结构中的比例。

(二)黑色金属需求

在高质量发展背景下,中国的黑色金属需求保持着较高水平。2020年,铁精矿(62%品位)消费量约为1.38×10^9 t,锰矿消费量为1.3×10^7 t。

(三)有色金属需求

在中国,战略性新兴产业有效带动了有色金属需求量的增长。其中,2020年对铝的需求量达到了3.686×10^7 t。未来,随着交通、机械、航空航天等装备的轻量化发展,中国对铝的需求量将不断增长。市场对锂矿的需求量也在逐年提升,但由于开采技术的限制,锂矿开发还没有形成规模,现有的锂矿资源无法在短时间内满足工业发展的需要,所以必须要加大锂矿进口力度,以提高供给量。此外,中国对钴、镍等战略性矿产的需求也在适度增长。

总体而言,中国的矿产资源相对丰富,但由于过度开采,许多矿产资源的供求关系十分紧张。从供求关系来看,在中国主要的 45 种矿产品中(表 4-1),供给不足的有 21 种,需要长期依赖进口;其余 24 种矿产资源的国内供应可以满足需求(郭娟等,2019)。当前,要科学确定矿产资源消费需求的上限,集约、节约利用矿产资源,促进生产生活方式转变。

表 4-1 中国主要矿产品供需状况

供需状况	矿产品
供应量小于需求量(21 种)	石油、天然气、铁、锰、铬、钛、铜、铅、锌、铝、镍、钴、锡、金、铂族金属、锂、锶、硫、钾盐、硼、金
供应量大于需求量(17 种)	镁、钨、钼、白银、稀土、菱镁矿、萤石、耐火黏土、磷矿、芒硝、重晶石、水泥、平板玻璃、石材、石墨、滑石、硅灰石
供需基本平衡(7 种)	煤、锑、钠盐、石膏、高岭土、硅藻土、膨润土

第二节 矿产资源需求的演进规律

一、矿产资源需求波次递进规律

矿产资源需求波次递进规律主要有不同种类矿产资源的需求波次递进规律和部门能源消费的需求波次递进规律两种。

(一)不同种类矿产资源的需求波次递进规律

不同种类矿产资源的需求波次递增规律,是指随着经济的发展,各种矿产资源的需求峰值呈现出一种波次性的递增规律。因各种矿产资源的用途和功能不同,形成的需求峰值也不同,从而构成需求的波次性。如图 4-1 所示,按需求顺序依次是钢、水泥等结构性材料→铝、铜等兼具结构性和功能性的材料→镍等其他功能性材料→能源。值得一提的是,早期工业化国家的铝消费高峰出现了延迟,这与其投入周期较晚,且与铜兼具替代作用有关。

(二)部门能源消费的需求波次递进规律

部门能源消费的需求波次递进规律,是指随着经济发展水平的提高,能源消费的比重

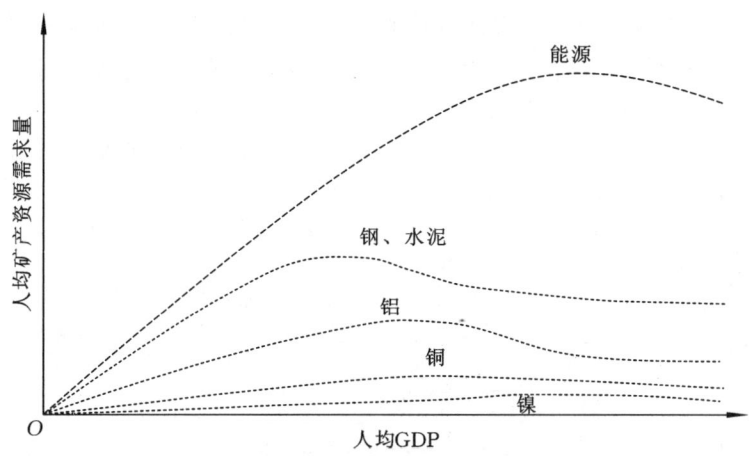

图 4-1　不同矿产需求波次递进序列模式

在国民经济的各个部门之间逐次递进,具体表现为不同经济部门能源需求顶点到来的时间具有相对固定的先后顺序,从而构成了部门能源消费的需求波次性。如图 4-2 所示,王安建等(2010)曾指出,随着国家经济的发展,农业部门在能源消费递进中处于第一波次,工业部门处于第二波次;随着向后工业化的过渡,商业部门成为能源消费递进增长中的第三波次;生活部门成为第四波次;交通部门在能源消费递进中构成第五波次,即农业部门→工业部门→商业部门→生活部门→交通部门。能源消费的这种波次递进性在整个经济周期中构成了完整的递进波型。

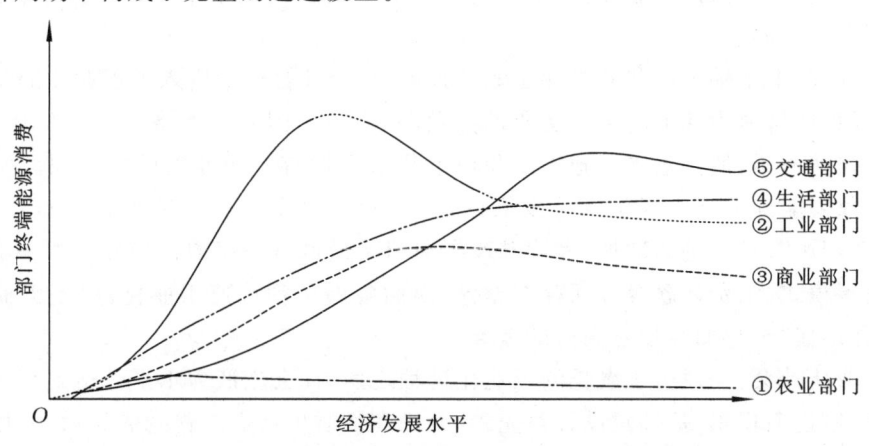

图 4-2　不同部门终端能源消费波次递进序列模式

二、"S"形消费规律

随着经济结构的转变、人类社会发展水平的提高和基础设施的完善,人均矿产资源消费量与人均 GDP 之间存在着"S"形的规律相关性。由该规律的表现形式可知,根据人类经济社会发展的 3 个阶段,即农业社会→工业社会→后工业化社会,人均 GDP 与人均矿产资源消费量之间呈现出 3 种不同的内在关系,如图 4-3 所示。

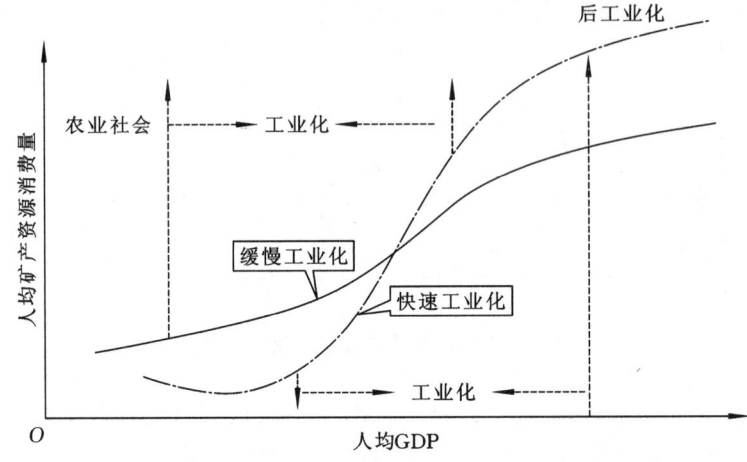

图 4-3　人均矿产资源消费量与人均 GDP 的"S"形规律

农业社会:生产部门以农业、手工业为主,第一产业占比高,生产力水平很低。在此期间,经济增长缓慢,外贸主要是输出自然资源,进口发达国家的工业产品。矿产资源消费以满足人民的基本生存需求和农业生产需求为目的,部分矿产资源的消费用途为制造简单的劳动工具。因此,在农业社会,矿产资源需求量处在较低水平,人均矿产资源消费量呈现出缓慢增长的态势。

工业社会:由于手工业和初级加工业的兴起,整个社会逐渐进入了工业化的阶段。在此期间,以物质材料为基础的第二工业迅猛发展,使整个国家的经济得到了快速的发展,物质财富快速积累,使得基础设施建设和城市化水平拥有了快速发展的空间。矿产资源的消费不仅要能满足国内经济快速发展的需要,同时也要能满足矿产资源的出口需求。由此,矿产资源需求量迅速增加,人均矿产资源消费量也呈快速增长趋势。由于不同国家在经济发展模式、消费理念等方面存在差异,因而各国呈现快速工业化、缓慢工业化的不同进程,并形成"S"形曲线顶点高低的差异。

后工业化社会:在经历了漫长的工业化进程之后,社会生产力水平已达到相当高的程度,社会财富逐渐积累,基础建设日益完善,人民在物质生活需求得到满足后,开始追求精神财富。此时,一次能源的消费已达到零增长点,大宗矿产资源的消费将进入零增长或负增长阶段,同时消费增速放缓。随着经济结构的转变,对外贸易以输出服务业产品为主。所以,在这个时候,矿产资源的消费,主要是为了满足新增人口对矿产资源的需求和维持人们现有的生产和生活水平,而随着资源利用率的不断提升,矿产资源需求趋于稳定,并将出现下降趋势。

"S"形曲线的 3 个关键转变点分别是起飞点、转折点、零增长点。由于不同矿产资源的属性及其在国民经济中的用途不同,"S"形曲线的形态和3个转变点的位置也存在差异。以粗钢、能源为例,具体情况如图4-4所示。其中,人均钢需求量和人均钢需求量增幅如图4-4左侧两图所示,人均能源需求量和人均能源需求量增幅如图4-4右侧两图所示。特别指出的是,图4-4中的横坐标GK美元(盖凯美元),是一种在美国和给定时间点同美元具有同等购买力的假定货币,通常把1990年作为用于今后比较的基准年。

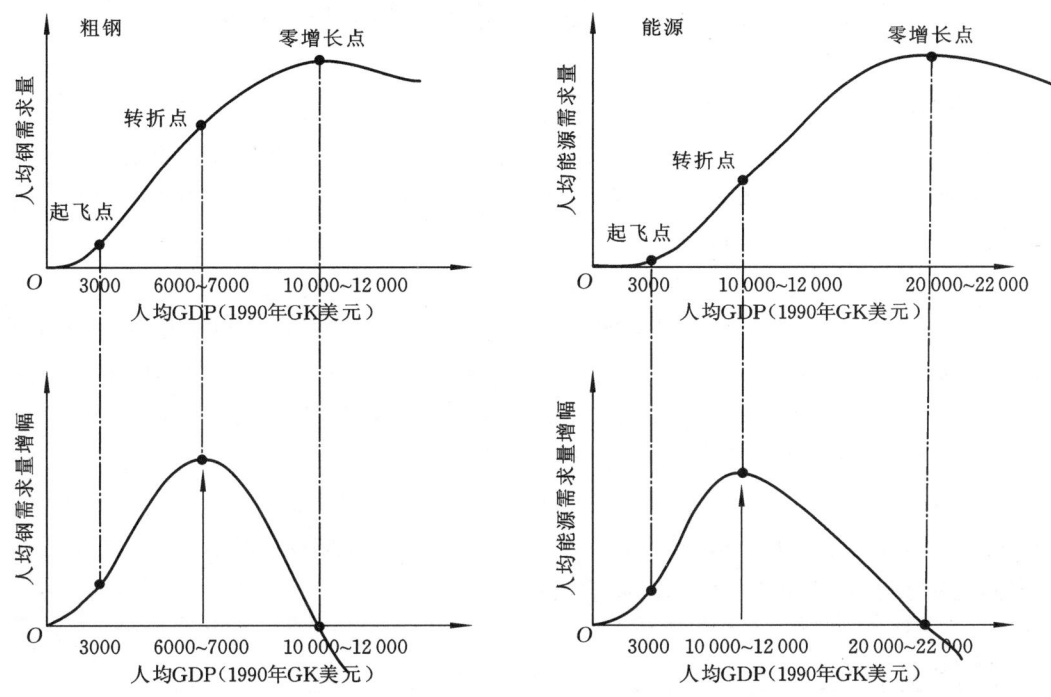

图4-4　人均矿产资源消费的3个转变点示意图

起飞点是矿产资源消费快速增长的起始点,该点与国家工业化起飞阶段吻合,代表着一个国家从农业社会向工业社会的转变。随着国家进入工业化起飞阶段,矿产资源需求开始进入高增长期,矿产资源的消费开始加速。

转折点是指矿产资源人均消费增长的拐点,即人均矿产资源消费增幅由大到小的转变点,或者人均矿产资源消费增速由大到小的转折点。这一转折点因矿产资源的性质和用途而异。例如,从图4-4左图可知,人均钢需求量的转折点在人均GDP 6000~7000美元之间,对应于社会基础设施建设的高峰期。越过这一高峰期,人均钢需求量的增幅开始下降。从图4-4右图可知,人均能源需求量的转折点在人均GDP 10 000~12 000美元之间,对应于工业比例达到最大值,经济结构发生重大转型的开始,之后人均能源需求量增幅开始下降。

零增长点是指"S"形曲线上人均矿产资源需求量达到峰值时的点。与转折点类似,零增长点因矿产资源的属性和用途而存在差异。从图4-4的左图可知,人均钢需求量的零增长点集中于人均GDP 10 000~12 000美元,这一点恰好对应于右图的能源消费的转折点,说明这些重要的标志点之间具有密切的内在联系。从图 4-4 的右图还可知,当人均 GDP 为 20 000~22 000 美元时,人均能源需求量达到顶点,这意味着后工业化阶段的开始与人均能源需求量零增长时期的到来。

第三节 矿产资源需求的预测方法

矿产市场预测是矿业经济决策过程中的一个重要步骤。预测的目的在于分析矿产市场经济变量间的相互关系及影响因素,评估因素的变化对市场的潜在作用,以及预测矿产市场的未来状态。矿产厂商或者金融机构在进行投资决策时,需要预测有关矿产的未来需求、成本和价格。政府部门在制定矿产储备、矿产开发与利用以及资源与环境保护等方面的政策时,需要分析这样的政策对矿业经济系统运行的影响与作用。

学者们在对矿产资源消费量进行实际预测时,会针对不同矿种的特征和条件,提出不同的需求预测方法。例如,对铬、钒、钼、铌等与钢铁相关的矿产,可以应用类比预测法;对"三稀"矿产和石墨、重晶石等非金属矿产,可以运用部门需求预测法;对能源和铁、铜、铝等大宗金属矿产,可使用人均消费"S"形规律进行预测。

下文将按照矿产资源的特征、主要产业用途等标准,系统归纳矿产资源需求预测方法与模型。市场预测方法大致可分为以下 6 类:趋势外推法、时间回归法、类比预测法、回归分析预测法、弹性系数预测法和部门需求预测法。

一、趋势外推法

趋势外推法的基本依据是预测具有连续性,在假设预测对象稳定、渐进发展的前提下,预测其变化趋势。该方法认为,人们只要能够正确把握事物的历史和现在的发展情况,就可以遵循事物的发展规律推测其未来发展趋势。当预测对象依时间变化呈现某种上升或下降趋势,没有明显的季节波动,且能找到一个合适的函数曲线反映这种变化趋势时,就可以用趋势外推法进行预测。该方法的应用具有局限性,它只适用于短期趋势分析,用于中长期预测时,其准确性较低。

趋势外推法依赖计量经济学分析总结历史需求规律,推断未来需求发展态势。如高芯蕊等(2010)基于"S"形规律预测了中国的钢需求。王安建等(2017,2020)以能源和大宗矿产资源消费与经济发展的"S"形规律为基础,预测了中国一次能源、钢铁、铜和铝等重要矿产资源的未来需求。Jaunky(2012)使用奥地利、加拿大、丹麦等 20 个高收入国家的铝消费数据检验出短期内铝消费与实际国内生产总值之间存在单向因果关系,而在长期内,实际国内生产总值与铝消费之间存在格兰杰因果关系。Elshkaki 等(2016)使用线性回归模型拟合了全球 9 个行业的铜需求。

趋势外推法是以事物的因果关系为根据,以大量数据资料为基础,利用数学方法建立因变量与自变量之间的回归函数,并将其作为预测模型,根据自变量的发展变化趋势来预测因变量的方法。一般来说,在使用趋势外推法的过程中,首先需要求得直线与二次曲线、简单指数曲线与修正指数曲线、Gompertz 曲线与 Logistic 曲线 3 种趋势曲线模型,之后再对 3 种趋势曲线模型进行识别,最后选择最佳的曲线模型以达到最优的预测结果。下文将介绍 3 种常用的模型识别方法。

1. 直观辨认法

该方法也称为目估法。先将收集到的历史观测数据描绘到坐标纸上,形成一张历史数据散点图,再通过平滑曲线连接各历史数据观测点,形成一张历史数据分布图,最后将得到的历史数据分布图与常见的趋势曲线模型图进行对照,选择出合适的趋势曲线。

2. 特征分析法

使用该方法需要全面掌握常见的趋势曲线模型,在此基础上,选择直观分析、列表分析、比较分析等分析方法,最后选出较为合适的趋势预测模型。

3. 预测效果比较法

该方法适用于历史数据分布不规律、特征不明显或受到多种因素影响的情况。此时须同时运用两种或两种以上的趋势模型,比较模型间的平均误差、均方误差等,以择出最优的趋势预测模型。

二、时间回归法

时间回归法是将预测对象按照时间顺序排列起来,构成一个所谓的时间序列,并根据这一组时间序列的历史变化规律,推断今后的变化趋势及变化规律。时间序列中的数据(也称观测值)总是由各种不同的影响因素共同作用所致。也就是说,时间序列中的数据总是包含着不同因素的影响。

采用时间回归法预测矿产资源需求时,主要考虑以下影响因素:趋势变动、季节变动、循环变动、不规则变动。

1. 主要模型

若以 Y 表示时间序列的总值,则由上述 4 类影响因素所决定的组合模型可以用加法模型和乘法模型表示。加法模型和乘法模型的主要区别在于它们对时间序列中不同因素的影响方式的假设不同。简单地说,加法模型认为各因素对时间序列的影响是独立的,而乘法模型则考虑了各因素之间的相互作用。

1) 加法模型

加法模型假设时间序列中的不同因素(趋势变动、季节变动、循环变动、不规则变动)对现象发展的影响是相互独立的,即每个因素对时间序列的贡献是独立的,它们被简单地加总来形成时间序列的总值。

$$Y = T + S + C + I \tag{4-1}$$

式中:Y 为时间序列的总值;T 为趋势变动值;S 为季节变动值;C 为循环变动值,I 为不规则变动值。

对于许多模型,一般没有足够的数据来识别循环周期,故式(4-1)常常被简化为

$$Y = T + S + I \tag{4-2}$$

若每年或每周的趋势变化值基本相同,则加法模型较为适用。

2) 乘法模型

乘法模型假设上述影响因素之间存在相互影响的作用,即它们对时间序列的贡献是相互依赖的。乘法模型把时间序列的总值表达为 4 个因素的乘积的形式。

$$Y = T \times S \times C \times I \tag{4-3}$$

在这个模型中,Y 和 T 为实际量值,而 S、C、I 为比值。乘法模型特别适用于那些随着数据值的增大,季节性的量也随之增长的时间序列。

2. 常用分析方法

时间序列常用分析方法主要有移动平均法、指数平滑法、季节变动法等。

1) 移动平均法

移动平均法可分为简单移动平均法和加权移动平均法两种。

简单移动平均法:将一个时间段的数据取平均值作为最新时间的预测值。该时间段根据要求取最近的。例如:假设前 5 个月的矿产资源需求量分别是 10 t、12 t、32 t、12 t、38 t,预测第 6 个月的需求量。可以最近 3 个月的数据为依据,对后面 3 个月的需求量数据取平均值,即可得到第 6 个月的需求量约为 27.3 t。

加权移动平均法:按照每个时段里每组数据的时间远近赋予权重。

2) 指数平滑法

基本思想:预测值是以前观测值的加权和,且对不同的数据给予不同的权数——给予新数据较大的权数,给予旧数据较小的权数。

指数平滑法的基本公式为

$$S_t = aY_t + (1-a)S_{t-1} \tag{4-4}$$

式中:S_t 为时间 t 的平滑值;Y_t 为时间 t 的实际值;S_{t-1} 为时间 $t-1$ 的平滑值;a 为平滑常数,其取值范围为 $[0,1]$。

指数平滑法可分为一次指数平滑法、二次指数平滑法和三次指数平滑法。一般可根据原数列散点图呈现的趋势来选取具体的方法。当时间数列无明显的趋势变化时,可用

一次指数平滑法;若呈现直线趋势,选用二次指数平滑法;若实际数据序列呈非线性递增趋势或呈现抛物线趋势,采用三次指数平滑法。当时间序列的数据经二次指数平滑处理后,仍有曲率时,应用三次指数平滑法。

3) 季节变动法

根据季节变动特征,季节变动分为水平型季节变动和长期趋势季节变动。

水平型季节变动指时间序列中各项数值的变化是围绕某一个水平值上下周期性的波动。若时间序列呈水平型季节变动,则意味着该水平型季节变动的时间序列中不存在明显的长期趋势变动而仅有季节变动和不规则变动。

季节指数＝各年同季(月)平均数/总平均数

季节变差＝各年同季(月)平均数－总平均数

长期趋势季节变动指时间序列中各项数值一方面随时间变化呈现季节性周期变化,另一方面随着时间变化而呈现上升(或下降)的变化趋势。

季节指数＝各年同季(月)平均数/趋势值

季节变差＝各年同季(月)平均数－趋势值

季节变动预测的方法很多,应用时应根据季节变动的类型选择适应的预测方法。若时间序列呈长期趋势季节变动,则意味着时间序列中不仅有季节变动、不规则变动,而且还包含有长期趋势变动。

三、类比预测法

类比预测法是指根据事物的类似性原理,采用预测对象类似于过去的某一事物的变化规律,来类推和预测该现象将出现的一系列发展趋势的方法。类比预测法包括随机类比和有效类比。其中,随机类比是一种处于感性阶段的类比,并没有对两种事物的类似性进行全面深入的对比分析,因而这种类比结果不能作为决策依据。

类比预测法利用模型间的相似性来类比。如果两个或两个以上的经济变量,其结构和形式上的变化与发展存在着相同或相似的特点,就称这两个变量之间存在着某种可类比性。当两个可类比的经济变量在其变化发展过程中存在着时间差异时,可以利用先变化的变量的结构特点和发展规律来预测后变化的变量的结构特点和发展规律。此方法属于半定性预测,适用于中长期需求预测,但是类比条件不易确定。

1. 由点到面的类比

由点到面的类比广泛适用于许多一般消费品和耐用消费品的需求量预测。许多消费品的需求量可以采用由点到面或由部分到全部的类比推算预测法求得短期、近期预测值。

2. 以国外同类产品市场发展趋势来预测

这种推算方法是把所要预测的产品市场同国外同类产品市场的发展过程或变动趋向相比较,找出某些共同的或相类似的变化规律性,用来推测目标产品市场的未来变化趋向。运用该方法可将某一国家与另一相似国家进行类比分析,从而推导出预测国的矿产资源需求趋势。

3. 以国内相近产品类推新产品

这种对比类推往往用于新产品开发预测,以相近产品的发展变化情况,来类比预测某种新产品的发展方向和变化趋势。

四、回归分析预测法

回归分析预测法,是在分析市场现象自变量和因变量之间相关关系的基础上,建立变量之间的回归方程,并将回归方程作为预测模型,根据自变量在预测期的数量变化来预测因变量。因此,回归分析预测法是一种重要的市场预测方法,当我们在对市场现象未来发展状况和水平进行预测时,如果能将影响市场预测对象的主要因素找到,并且能够取得其数据,就可以采用回归分析预测法进行预测。

回归分析预测法有多种类型。依据相关关系中自变量的个数不同分类,可分为一元回归分析预测法和多元回归分析预测法。在一元回归分析预测法中,自变量只有一个,而在多元回归分析预测法中,自变量有两个或两个以上。依据自变量和因变量之间的相关关系不同分类,可分为线性回归预测和非线性回归预测。

采用回归分析预测法,包括如下5个步骤。

1. 根据预测目标,确定自变量和因变量

明确预测的具体目标,也就确定了因变量。如预测具体目标是下一年度的销售量 Y,那么销售量 Y 就是因变量。通过市场调查和查阅资料,寻找与预测目标相关的影响因素,即自变量,并从中选出主要的影响因素。

2. 建立回归预测模型

依据自变量和因变量的历史统计资料进行计算,在此基础上建立回归分析方程,即回归分析预测模型。

3. 进行相关分析

回归分析是对具有因果关系的影响因素(自变量)和预测对象(因变量)进行的数理统

计分析处理。只有当自变量与因变量确实存在某种关系时,建立的回归方程才有意义。因此,作为自变量的因素与作为因变量的预测对象是否有关,相关程度如何,以及判断这种相关程度的把握性有多大,就成为进行回归分析必须要解决的问题。进行相关分析,一般要求有相关关系,以相关系数的大小判断自变量和因变量的相关程度。

4. 检验回归预测模型,计算预测误差

回归预测模型是否可用于实际预测,取决于对回归预测模型的检验结果和对预测误差的计算。若回归预测模型通过多种稳健性检验,且预测误差较小,便说明该回归预测模型的回归效果良好,可以作为预测模型进行下一步的预测。

5. 计算并确定预测值

利用回归预测模型计算预测值,并对预测值进行综合分析,确定最后预测值。

五、弹性系数预测法

弹性系数是对一定时期内相互联系的两个指标的变化速度进行比较,用于衡量两个变量相互变化的依存关系。弹性系数的大小与二者之间的密切程度成正比。

弹性系数预测法是根据需求量对某种影响因素变化的反映程度,建立预测模型来进行预测的方法。影响需求量的因素很多,如国民经济发展的速度、经济结构与产业结构的变化、商品的价格等。矿产资源消费中长期预测需要充分解释历史尺度的需求演变及其主要决定因素,如 GDP、技术、价格等因素与矿产资源消费之间的关系,主要应用的预测方法为需求的价格弹性系数法和需求的收入弹性系数法,就是分别通过计算矿产品价格或国民收入对矿产品需求的弹性系数,从而对矿产品的需求量进行预测的方法。

1. 需求的价格弹性系数法

需求的价格弹性是指在一定时期内某种商品需求量的相对变动对该商品价格相对变动的反应程度。需求的价格弹性系数衡量了需求的价格弹性,该系数表示价格每变动一个百分点引起的需求量变动的百分比,即定义为

$$需求的价格弹性系数 = \frac{需求量变动的百分比}{价格变动的百分比} \tag{4-5}$$

还可用数学公式表示如下

$$E_P = \frac{\Delta Q/Q}{\Delta P/P} \tag{4-6}$$

式(4-6)中:E_P 为需求的价格弹性系数;ΔQ 为需求量的变化量;Q 为需求量的初始值;ΔP 为价格的变化量;P 为价格的初始值。

需求量与价格之间通常呈相反方向变动,于是 E_P 是负值。一般取 E_P 的绝对值对需求的价格弹性进行比较。当 E_P 的绝对值大于 1 时,需求富于弹性,即价格的小幅波动就会引起需求量的较大变化;当 E_P 的绝对值等于 1 时,说明二者的变化程度相当;当 E_P 的绝对值小于 1 时,需求缺乏弹性,即价格大幅波动不会对需求量造成很大影响。

求出需求的价格弹性系数之后,可以根据式(4-7)得出需求量的预测值(Q_1)。

$$Q_1 = Q + \frac{E_P \times Q \times \Delta P}{P} \tag{4-7}$$

2. 需求的收入弹性系数法

需求的收入弹性系数是指在一定时期内消费者对某种商品需求量的相对变动相应于消费者收入相对变动的反应程度。用弹性系数加以衡量,可以定义为

$$需求的收入弹性系数 = \frac{需求量变动的百分比}{收入变动的百分比} \tag{4-8}$$

还可用数学公式表示如下

$$E_I = \frac{\Delta Q / Q}{\Delta I / I} \tag{4-9}$$

式中:E_I 为需求的收入弹性系数;ΔQ 为需求量的变化量;Q 为需求量的初始值;ΔI 为收入的变化量;I 为收入的初始值。

求出消费收入弹性系数后,可根据式(4-10)得出需求量的预测值(Q_1)。

$$Q_1 = Q + \frac{E_I \times Q \times \Delta P}{P} \tag{4-10}$$

需求的收入弹性系数法用于短期需求预测一般是可行的,但由于弹性系数是动态可变的,可能随着时间而变化,因此用根据历史数据计算出的弹性系数进行预测可能不准确,需要注意对其进行修正。

六、部门需求预测法

部门需求预测法(消费比例系数法)是根据矿产品的消费结构划分消费部门,在详细分析各部门发展变化趋势的基础上,通过对不同部门未来发展趋势的层次分析,尤其是年均增长率的判断,对各部门的矿产资源需求分别进行预测,再累计相加得到总体未来的需求趋势。这一方法适用于消费部门相对集中的矿产资源的短期预测,消费部门越分散、预测时间越长,其误差也越大。该方法被国内外行业协会普遍采用。

部门预测有两类概念:一是指将不同部门预测方法的预测结果,选取适当的权重进行加权平均的一种预测方法,其关键是确定各个单项预测方法的加权系数;二是选择拟合度最佳或标准离差最小的预测模型作为最优模型进行预测。部门预测通常在单个部门预测

不能完全正确地描述预测量的变化规律时发挥作用。

综上所述，表4-2对常用矿产资源需求的预测方法进行了比较分析。

表 4-2　常用矿产资源需求预测方法

预测方法	适用维度	主要优缺点
趋势外推法	短期需求预测	数学方法简单,但应用于中长期预测时偏差较大
时间回归法	中长期需求预测	突出了时间因素在预测中的作用,但外界发生变化时会出现偏差
类比预测法	中长期需求预测	半定量预测方法,类比条件不易确定
回归分析法	中长期需求预测	适用于有限的因果关系,对复杂系统进行预测时误差偏大
弹性系数预测法	短期需求预测	由于弹性系数是动态可变的,可能随着时间而变化,因此用历史数据计算出的弹性系数来进行预测可能不准确,需要注意对其进行修正
部门需求预测法	短期需求预测	该方法国内外普遍采用,部门划分详细,结果较精确

除了以上方法,还有将定性分析与定量方法结合的情景分析法,该方法考虑了未来可能出现的政策情景与发展变化,被用于矿产资源中长期分析,如 Van Der Voet 等(2019)采用情景分析法分析了铁、铝、锰、铜、锌、铅和镍在未来不同需求情景中的环境效应。也有研究基于静态或动态物质流方法,分析了矿产资源下游应用行业发展的矿产资源需求,旨在使未来资源需求与废物产生相协调(Yang et al.,2020)。另有学者采用系统论思想,使用系统动力学模型分析矿产资源供给和需求系统的相互作用,判断未来矿产资源的供给和需求,如 Sverdrup(2016)采用系统动力学模型对全球锂动态供应进行了研究。

第五章

矿产资源市场

第一节 矿产资源市场概况

一、市场的分类

矿产资源市场是某种矿产的买卖双方聚会以确定该矿产价格的抽象场所,可以分为矿业权市场和矿产品市场。

(一)矿业权市场

矿业权又称矿权,是指矿产资源使用权,包括探矿权和采矿权。前者是指在依法取得的勘查许可证规定的范围内,勘查矿产资源的权利;后者是指在依法取得的采矿许可证规定的范围内,开采矿产资源和获得所开采矿产品的权利。根据《中华人民共和国矿产资源法》及其配套法规,矿业权经依法批准,可以转让他人。矿业权的价值是矿业权人在法定的范围内,经过资金和技术的投入而形成的,应当依法受到保护。

矿业权市场是指因矿业权出让、转让所产生和形成的一切经济关系和行为的总和,包括矿业权交易的主体、客体和媒介(图5-1)。

根据矿业权取得方式的不同,矿业权市场可分为出让市场(矿业权流转的一级市场)和转让市场(矿业权流转的二级市场)。相对应的矿业权交易包括两类:出让和转让。

矿业权的出让,是指作为矿产资源所有者代表的自然资源主管部门根据矿业权审批权限和矿产资源规划及矿业权设置方案,以招标、拍卖、挂牌、申请在先、协议等方式依法向探矿权申请人授予探矿权和以招标、拍卖、挂牌、探矿权转采矿权、协议等方式依法向采矿权申请人授

（一）生产者卡特尔

生产者卡特尔，旨在调控竞争和对产品价格施加影响。该类组织的主要目的是控制矿产价格，以维护生产者的利益。矿产卡特尔的形成受矿产市场结构、矿产地理因素、矿产应用领域等因素的影响。其形成的主要条件有：①矿产品出口国的经济很大程度上独立于该矿产的进口国；②矿产品的供给必须集中在较少的生产国，避免非卡特尔生产者的干扰；③矿产品出口国具有较强的经济实力，可抵抗矿产进口国的经济制裁；④不会因价格提高而导致非卡特尔生产者大规模地开发该矿产；⑤该矿产品的再生利用技术有限；⑥该矿产品的替代品有限。

由于上述条件的制约，仅有少数的矿产市场受到卡特尔的影响。具有代表性的矿产卡特尔有如下 3 种。

(1) 石油输出国组织（Organization of the Petroleum Exporting Countries, OPEC），简称欧佩克。它是亚洲、非洲、拉丁美洲主要石油生产国为协调成员国石油政策及维护共同的经济利益而建立的国际性组织。欧佩克于 1960 年 9 月在伊拉克首都巴格达成立，总部设在奥地利维也纳，初始成员国包括伊拉克、伊朗、沙特阿拉伯、科威特、委内瑞拉、卡塔尔、印度尼西亚、利比亚、阿拉伯联合酋长国、阿尔及利亚、尼日利亚、加蓬和厄瓜多尔（于 1993 年退出该组织），这些国家占有世界已证实石油蕴藏量的 75%。欧佩克的宗旨是统一和协调成员国的石油政策，保护石油资源和发展民族经济。它通过生产定额、最低限价、税收政策等措施，有效地控制了石油价格，增加了成员国收入。此外，该组织的行动使石油进口国的国际收支平衡以及经济发展受到了不利影响，其垄断地位趋于削弱。

(2) 铜出口国政府间委员会（Intergovernmental Council for Copper Exporting Countries, ICCEC），简称西佩克。该组织于 1968 年 5 月在巴黎正式成立，初始成员国包括智利、秘鲁、扎伊尔、赞比亚、印度尼西亚、澳大利亚、巴布亚新几内亚和南斯拉夫。该组织的宗旨是协调成员国的铜生产及销售政策；预测铜业发展前景，采取共同行动，维护国际铜市场的稳定；在不损害消费者利益的前提下，促进铜生产国经济和社会的发展。

(3) 国际铝业协会（International Aluminium Institute, IAI）。该组织于 1974 年 3 月在几内亚首都科纳克里成立，初始成员国包括澳大利亚、几内亚、圭亚那、牙买加、南斯拉夫、塞拉利昂、苏里南、多米尼加、加纳、印度尼西亚、印度和海地（于 1982 年退出该组织）。这些成员国铝土矿产量占西方国家总产量的 85%。该组织的宗旨是保护成员国的铝土矿资源，并从其开发中得到公平合理的经济效益；促进成员国的经济增长和发展；对跨国公司实行参与股权和国有化政策；对跨国公司征收新的铝土矿生产税；为成员国制定铝土矿和矾土参考等级标准及合理价格；加强同其他发展中国家的经济联系与合作。

（二）一般生产者组织

一般生产者组织旨在互通信息、发展公共关系以及在联合国贸易和发展会议中维护

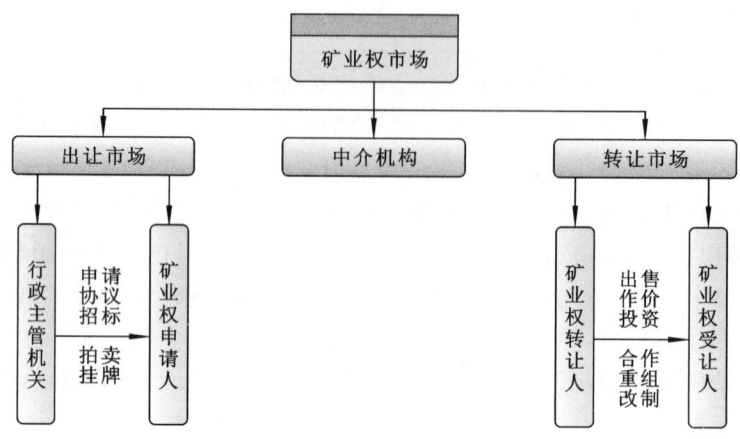

图 5-1 矿业权市场的组成

予采矿权的行为。

矿业权的转让,是指已经取得矿业权的主体在符合一定条件后将矿业权依法转移给其他主体的行为。

（二）矿产品市场

矿产品市场就是进行各种矿物原料和矿产品交易的场所。根据矿产品种类的不同,可形成能源、金属、化工、轻工、建材等矿产品市场。与其他商品市场相比,矿产品市场具有明显特点:矿产品的消费量常取决于最终产品的数量,由于勘探和开采的不确定性及长期性,其供应能力比较稳定;在市场经营方式上,多以长期贸易为主,现货交易为辅;受矿产资源丰度和开发技术水平的影响,矿产品价格难以预测;等等。

矿产品可以设计为期货、期权作为金融工具来交易,以便更好地实现价格发现和规避价格风险的功能。矿产品在工业中扮演着至关重要的角色,从基本的能源供应到高端的技术制造,都离不开矿产资源的支持,因此反映其供需状况的期货及现货价格变动会直接影响整个经济体系。例如,铜价上涨将提高电子、建筑和电力行业的生产成本;石油价格上涨则会导致化工产品价格上涨,并带动煤炭等能源的价格和供给提升。投资者,尤其是投资相关行业的投资者应密切关注大宗商品的供求和价格变动。

二、市场组织形式

市场组织是指为对矿产市场施加影响而在一定范围内达成各种协定的组织。第二次世界大战以前,多由厂商达成协定,其后则主要由各国家政府签订有关协议。市场组织按照其行为目标可分为以下 3 种主要类型。

成员利益等。铁矿输出国联盟（Association des pays exportateurs de minerai de fer, APEF）是其中的代表组织。该组织于 1975 年正式成立，总部设在日内瓦，初始成员国包括阿尔及利亚、澳大利亚、印度、利比里亚、毛里塔尼亚、秘鲁、塞拉利昂、瑞典和委内瑞拉。该组织成员国的铁矿出口占世界铁矿贸易总量的 50%。该组织的宗旨是保证铁矿出口贸易稳定发展；维护铁矿开采、加工和销售的合理收益；促进各成员国之间的密切合作。矿产交易市场不但能够提供一种竞争价格，而且可以起到稳定矿产价格的作用。一般认为，期货价格稍低于现货价格是市场稳定的标志。

（三）国际行业组织

国际行业组织旨在探讨生产者与消费者之间的有效合作，其中国际采矿和金属理事会（International Council on Mining and Metals，ICMM）是一个以跨国矿业公司为核心的组织，致力于推动矿业的可持续发展。该组织制定了一系列行为准则和指南，旨在引导其成员公司在矿业活动中履行社会责任。

ICMM 将全球 1/3 的金属资源和采矿产业以及主要合作伙伴聚集在一起，推动可持续发展的领导力、行动和创新升级，最终为社会作出积极贡献。通过合作，ICMM 会员企业为在安全、公正和可持续的世界中负责任地生产矿物和金属制定了相关标准。

第二节　矿产资源价格

一、矿产资源价格的定义

矿产资源在未经开采时不包含人类劳动，没有"劳动价值"，经过开采以后，成了人类劳动的产物，成为费用和效用的统一体而具有价值，进而具有价格。矿产资源价格是指矿产部门生产的煤炭、原油、金属矿石及非金属矿石等产品的价格。

受自然地理条件的影响，矿产资源的贫富程度、矿产品的品质好坏、矿山的地理位置及交通运输条件等有所不同；生产同类矿产的不同企业，投入同量的劳动和资金所取得的矿产品的数量和质量往往也差别很大。这就使得同一种矿产品所包含的费用-效用关系随资源条件不同而有所不同。这样，矿产品价格一般以劣等生产条件下的平均成本为基础，使仅具有劣等生产条件的生产者也能获得与其他物质部门大体持平的利润。具有中等和优等生产条件的生产者因此将获得级差收益。这种级差收益由于经营权的垄断，不会循着社会利润平均化的规律而消失。这是矿产品价格与一般工业制成品价格的不同之处。

在整个产业链条中，矿产品处于初始环节，其价格水平对于后续产品具有连锁效应，对于物价总水平具有重大影响。矿产品与加工产品的比价,直接影响产业结构的合理性;而各种矿产品之间的比价,对于矿产资源的回采率、综合利用率等,也都具有重大影响。

二、矿产资源价格的基本形式

矿产资源价格的基本形式是现货价格和期货价格。

现货价格是买卖矿产品的交易双方根据市场供求状况,或通过一对一谈判,按公平的原则达成的合同价格。一般地,由于现货交易的封闭或半封闭性,现货价格是一种区域性价格,有时还具有一定的欺诈性、垄断性,而且,它给生产者调节生产提供了滞后的价格信号,反而使生产具有了较大的盲目性和波动性。

期货价格是指期货市场上通过公开竞价方式形成的期货合约标的物的价格。期货交易是按合约中的时间、地点和数量对特定商品进行远期(三个月、半年、一年等)交割的交易方式。其最大特点为成交与交割不同步,是在成交的一定时期后再进行交割。

期货交易的诞生以1898年美国成立芝加哥奶油和蛋商会为标志,当时进行期货交易的商品基本是农产品。之后,商会改名为芝加哥商品交易所,进行期货交易的商品越来越多,一些国家股票、债券、外汇等金融产品也加入期货交易行列。在价格趋涨时,期货价格高于现货价格;在价格趋跌时,期货价格低于现货价格。在正常情况下,由于期货要负担较多的仓储费、保险费和利息,其价格一般比现货价格高。

期货交易所是买卖期货合约的场所,是期货市场的核心,它是一种非营利机构,但是它的非营利性仅指交易所本身不进行交易活动,不以营利为目的不等于不讲利益核算。从这个意义上讲,交易所还是一个财务独立的营利组织,它在为交易者提供一个公开、公平、公正的交易场所和有效监督服务的基础上实现合理的经济利益,包括会员会费收入、交易手续费收入、信息服务收入及其他收入。交易所作为期货市场的组织者,主要通过一线监管以维护期货市场的"公开、开平、公正"和诚实信用,它所制定的一套制度规则为整个期货市场提供了一种自我管理机制,使得期货交易的"公开、公平、公正"原则得以实现。

1. 国内期货市场

中国共有五大期货交易所,分别是郑州商品交易所、大连商品交易所、上海期货交易所、中国金融期货交易所、广州期货交易所。

郑州商品交易所成立于1990年10月,是中国首家期货交易所,交易的品种有强筋小麦、普通小麦、PTA、棉花、白糖、菜籽油等25种期货和白糖、棉花、PTA、甲醇、菜籽粕、菜籽油、动力煤、花生、烧碱、玻璃等18种期权。

大连商品交易所成立于1993年,是中国东北地区一家期货交易所,已上市包括全球首个实物交割的铁矿石期货、国内首个活体交割畜牧品种——生猪期货等在内的21种大宗商品期货和13种期权。

上海期货交易所成立于1999年,目前上市交易的有黄金、白银、铜、铝、锌、铅、螺纹钢、线材、燃料油、天然橡胶沥青等23种期货和铜、天然橡胶、黄金、铝、锌、原油、螺纹钢、白银、合成橡胶9种期权。

中国金融期货交易所于2006年9月8日在上海成立,是中国第四家期货交易所,交易品种有股指期货和国债期货。

广州期货交易所成立于2021年4月19日,是国内首家混合所有制交易所,目前上市交易的是工业硅和碳酸锂的期货及期权。

2. 国际期货交易所

世界矿产市场上重要的交易所有纽约商业交易所(the New York Mercantile Exchange,NYMEX)、伦敦金属交易所(London Metal Exchange,LME)、国际石油交易所(International Petroleum Exchange,IPE)及东京商品交易所(the Tokyo Commodity Exchange,TOCOM)等。

1) 纽约商业交易所

纽约商业交易所是世界上最大的实物商品期货交易所。它的交易主要涉及能源和稀有金属两大类产品,其中能源产品交易占据主导地位。交易所的交易方式主要是期货和期权交易,期货交易量远超期权交易量。2008年纽约商业交易所被芝加哥商业交易所(Chicago Mercantile Exchange,CME)集团收购。

2) 伦敦金属交易所

伦敦金属交易所是世界上最大的有色金属交易所,其撮合的价格和金属现货库存对世界范围的有色金属生产和销售有着重要的影响。在19世纪中期,英国曾是世界上最大的锡和铜的生产国,随着时间的推移,工业需求不断增长,英国又迫切地需要从国外的矿山大量进口工业原料。在当时的条件下,由于穿越大洋运送矿砂的货轮抵达时间没有规律,所以金属的价格起伏波动很大,金属商人和消费者要面对巨大的风险。1877年,一些金属交易商人成立了伦敦金属交易所并建立了规范化的交易方式。从21世纪初起,伦敦金属交易所开始公开发布其成交价格并被广泛作为世界金属贸易的基准价格。世界上全部铜生产量的70%是以伦敦金属交易所公布的正式牌价为基准进行贸易的。

3) 国际石油交易所

国际石油交易所(IPE)是欧洲最重要的能源期货和期权的交易场所,它成立于1980年,总部在伦敦,最初是非营利性机构。1981年4月,IPE推出重柴油期货交易,合约规格为100 t/手,最小变动价位为25美分/t,重柴油在质量标准上与美国取暖油十分相似。该合约是欧洲第一个能源期货合约,上市后比较成功,交易量一直保持稳步上升的走势。1988年6月23日,IPE推出国际3种基准原油之一的布伦特原油期货合约。该期货合约上市后取得了巨大成功,从而使IPE成为国际原油期货交易中心之一,而北海布伦特原油期货价格也成为国际油价的基准之一。布伦特原油期货合约是布伦特原油定价体系的一部分,包括现货及远期合约市场。该价格体系涵盖了世界原油交易量的65%。2000年4月,IPE完成了改制,成为一家营利性公司。2001年6月,IPE被美国洲际交易所(Intercontinental Exchange,ICE)收购,成为其全资子公司。

4) 东京商品交易所

东京商品交易所于1984年在东京成立。它由原东京纺织品交易所、东京橡胶交易所和东京黄金交易所合并而成。该所是日本唯一的一家综合商品交易所,主要进行期货交易,并负责管理在日本进行的所有商品的期货及期权交易。该所经营的期货合约的范围很广,是世界上为数不多的交易多种贵金属的期货交易所。交易所对棉纱、毛线和橡胶等商品采用集体拍板定价制进行交易,对贵金属则采用电脑系统进行交易。该所以贵金属交易为中心,大力发展石油、汽油等能源类商品,1985年,即成立后的第二年就成为日本最大的商品交易所,当年的交易量占日本全国商品交易所交易总量的45%以上。作为一个品种完善的综合性商品交易所,东京商品交易所是目前世界上最大的铂金和橡胶交易所,且其黄金和汽油的交易量位居世界第二位,仅次于美国的纽约商业交易所。

三、矿产资源价格的主要影响因素

矿产资源的现货价格及期货价格都受矿产资源市场供求关系的约束,只是影响程度不同。

影响矿产资源价格的因素主要包括矿产资源本身的稀缺程度和可替代程度、矿产品的供求状况、矿床自然丰度和地理位置、科技进步、资本化率和社会平均利润率等。

(1) 资源本身的稀缺程度和可替代程度。在市场需求一定的情况下,稀缺的矿产资源一般具有更高的价值。资源的稀缺程度越高,其可替代程度往往越低。凡是可替代程度低的矿产资源,其资产价值也较高。

(2) 矿产品的供求状况。矿产品供求状况决定矿产品价值的实现程度,决定何种等级的矿产资源将投入生产过程,从而决定矿产资源资产价格水平。

(3) 矿床自然丰度和地理位置。矿床的自然丰度是通过矿体规模、形态、产状、厚薄、品位、埋深等一系列指标综合反映的。在一定的技术经济条件下,矿床的自然丰度越高,开采所需投入的成本越低,企业的超额利润会越大,矿产资源资产价值也会相应增加。

(4) 科技进步。科技进步对矿产资源资产价值的影响主要有以下两个方面:第一,会使一些没有被利用的或者被认为无法利用的伴生元素或矿物得到开发和利用,从而使矿产资源总规模扩大,市场供给增加;第二,可以发现已被使用的矿产资源新的或更有效的利用价值,从而改变和增加矿产资源资产的价值等。

(5) 资本化率和社会平均利润率。资本化率和社会平均利润率影响资金流向和矿山企业的经营利润,从而影响矿产资源资产的价值。

第三节　矿产资源价格的预测

一、基本概念

预测是指基于科学的理论，以已掌握的可靠资料数据为依据，借助先进的计算方法，结合逻辑推理技术，从预测对象显现出来的内部联系与外部联系中，分析预测对象的客观发展变化规律，以对其在未来时期的发展及结果作出估计。

对矿产资源的市场价格进行预测是矿业经济决策过程中的一个重要步骤。预测的目的在于分析矿产市场经济变量间的相互关系及影响因素，评估因素的变化对市场的潜在作用，以及预测矿产市场的未来状态。

在以盈亏平衡来确定最低工业品位的矿山中，矿产品价格是确定某一最低工业品位下开采矿石是否能够盈利的重要影响因子，金属价格在一定程度上决定着最低工业品位的确定。矿产品价格预测对矿山企业销售策略的选定、技术经济指标的选择、采矿作业的具体设计等均会产生一系列的影响。

矿产品价格的发展趋势对矿山企业的生产管理影响重大。若未来的金属价格大幅上升，而之前确定的最低工业品位过高，就会造成资源的不必要浪费，亦给后续的矿山生产造成不良影响，如残矿资源的回收开采，就会造成资金、劳动力等的浪费。若未来的金属价格大幅下降，而矿山企业未及时调整原本较低的最低工业品位，生产成本高于盈利，就会出现亏损。

二、预测原则和流程

经济预测的根本任务是寻求研究对象发展变化趋势的客观规律，因此要求研究对象的未来状态必须符合客观发展演变规律，在时间和系统结构上具备连贯性，以及与其他事物具备关联性。

（1）连贯性。研究对象的发展变化规律在过去和现在并未发生质的变化，并在将来一段时间内持续其性质，这样我们才能依据掌握的过去和现在的客观规律推断其未来的状态。连贯性体现在两个方面：一是时间上的连贯，过去和现在各因素的影响不可能立刻消失，会因惯性延续一段时间；二是系统结构上的连贯，因素的影响对于整个系统结构来说，具备相对的稳定性，不可能发生突变。

（2）关联性。任何事物都不是独立存在的，研究对象与其他事物之间总是有着或多或少的联系，并会在其他事物的影响下发生变化。研究对象与其他相关事物存在关联性，可以按照联系程度的紧密以及影响的轻重,赋予相关因子不同的权重,再依照它们的发展变化去推断研究对象的客观发展趋势。

经济预测范围广泛,对于不同的研究对象,因预测方法与预测目标的不同,具体的预测步骤也有所差别。对于一般的经济预测,基本的预测步骤如下。

1. 确定预测目标

预测是为决策所服务的,因此首先需要根据决策的需要确定预测的研究对象,然后对研究背景进行分析评判,确定预测目的、所要达到的目标及所需精度。

2. 资料收集、整理与分析

对收集的资料进行整理、归纳、分析、总结,从中得出研究对象的本质特征和客观变化规律,是预测的基础工作。原始资料必须经过加工处理,保证其准确性、及时性和实用性。

3. 选择预测方法

预测方法的选择是预测的核心。应以预测的目标及研究对象的特性为根本,依据各种预测方法的特点和适用条件,在确保预测精度的前提下,选择合适的预测方法,建立能够良好表达预测对象特质及客观发展规律的预测模型。

4. 计算与预测

根据预测模型的要求,输入相关数据,进行计算与预测处理,求出预测值。当预测模型结构较为复杂、相关数据的处理量较大时,可借助计算机技术进行计算。

5. 分析评价预测结果

通过对预测误差等的分析,进行预测结果评价,在此基础上对初步预测结果进行修正,得出最优的预测结果。

矿产品价格预测的流程通常为确定目标对象→收集整理资料→选择预测方法→计算分析预测→输出预测结果。从预测流程来看,选择预测方法是进行预测的核心环节,也是确保预测结果"准不准"和"有多准"的重中之重;而掌握大宗矿产品价格的影响因素、明确预测理论和了解当前方法分类是进行预测方法选择的重要前提。

三、主要预测方法

选择合适的经济预测方法是获得准确经济预测结果的基础与关键所在,预测方法的选择需要遵循以下准则(潘弘,2012)。

一是符合经济发展以及统计资料中显现的客观变化规律。预测工作不仅要考虑自然资源上的约束条件,还必须符合国家政策、经济体制上的约束,选择的预测方法要符合研究对象的客观变化规律,满足国情国策的基本要求。

二是有较好的预测精度。一个研究对象往往会有多个适用的预测方法,预测精度是衡量一个预测模型是否适合研究对象的重要标准。精度越高,该预测方法的准确性也越高,说明在此次预测工作中该种预测方法更为合适。

三是实用性强。在实际的预测工作中,不能一味追求最高的预测精度,还应充分考虑预测方法是否实用——预测方法是否能被预测人员所理解,其在时间与经济上的花费是否合理,能否添加正确的约束进行预测优化。在同等条件下,优先采用简约而不简单的预测方法。

矿产品价格预测的方法大致分为 3 类:因果关系预测法、时间序列预测法、组合预测法。

1. 因果关系预测法

该方法可用于识别市场发展变化的因果关系,因而能够较好地预测未来情况,尤其是预测可能的突变点。典型的分析模型有经济计量模型、工程过程模型。

因果关系预测法中最常见的是回归分析预测法,即用单一的方程对历史数据发展趋势建立回归模型,以此推断其未来时刻的状态。该法因简单、易掌握,在 20 世纪广泛应用于产品销量预测、能源需求预测、藻类水污染预测、交通运输量预测等研究中,提供科学有效的预测技术,并在实际应用中取得了一定的成果。

灰色系统预测法则是当前因果分析法中使用最广泛的。灰色理论是一门在仅掌握研究对象部分信息的情况下,利用数学手段对其进行分析研究的理论。虽然观察到的现象杂乱无章,但数据隐含着有序的规律,因而该理论适用于分析"小样本,贫信息"的情况。自 20 世纪 80 年代邓聚龙教授的灰色理论创立提出后,它就受到了国内外科研工作者的密切关注,人们对灰色理论在工业、农业、商业、社会、军事等领域的应用进行了研究与探索,并取得了极大的进展。

灰色系统预测法基于灰色理论,常见为 GM(1,1) 模型及其相关扩展形式,它是一个或多个微分及差分方程模型,模型的结构参数会随着时间的推移发生变化,并且实现了用较少样本数据进行分析预测的功能。

2. 时间序列预测法

20 世纪 70 年代,美国的 George E.P.Box 与英国的 Gwilym M.Jenkins 所著的《时间序列分析:预测与控制》(*Time Series Analysis:Forecasting and Control*)出版,标志着时间序列预测模型的诞生。时间序列预测法随着时间的推移逐步完善,并在实际应用中体现出对复杂数据的动态处理分析特性,这种对数据的动态处理模式相较于过去的静态处理预测模型,在预测方面更具备实用性及优异性。有关时间序列分析的处理方法,几乎全都基于对自相关性的处理技巧。

指数平滑法由美国经济学家 Robert G.Brown 提出,以某种平均方式为手段,以消除历史统计序列随机波动为途径,以找出发展规律为目的。它强调近期数据对预期的作用,赋予近期数据较大的权数,而赋予远期数据较小的权数,后一期的预测值等于前一期的指数平均数,而不需要太多历史数据。时间序列预测法中的 Box-Jenkins 预测模型也是当今普遍使用的预测模型之一。它是在定性分析的基础上,以数学理论为依据建立预测模型,借助计算机技术进行反复搜索,对研究对象的历史数据拟合出最佳模型。它包括自回归模型、滑动平均模型、自回归移动平均模型和差分自回归移动平均模型 4 类。

3. 组合预测法

上述预测模型在某一方面都具有优于其他预测模型的特点,但本身亦具有局限性,面对更为复杂的现实经济现象时,很多时候并不能很好地对研究对象进行分析预测。为克服单一预测模型的局限性,使预测模型能够更好地拟合研究对象的发展趋势,Bates 和 Granger 于 1969 年提出了实用的预测方法——组合预测法。

组合预测法集合多种单项预测模型,对它们的预测结果按相同或不同的权重组合成新的预测值,以获得精度更高的预测结果为目标,实现优性组合预测,即组合预测法的预测精度高于各种单项预测。

BP 神经网络模型是目前应用最为广泛和成功的神经网络之一,具有程序简洁、计算量小、并行性高等优点。该模型采取梯度下降法,利用梯度搜索技术,使得最终实际输出值和期望输出值的误差均方差最小。将 BP 神经网络应用于组合预测中,利用其拟合任意非线性函数的功能,可根据实际情况对组合模型中各单项预测模型的权数进行实时调整,进行非线性组合模型分析预测。

第六章

矿产资源评价

第一节 矿产资源评价概况

矿产资源是人类社会发展必不可少的物质基础,对矿产资源进行客观准确的评价显得尤为重要。矿产资源评价是一项复杂的系统工程,按照矿产资源评价的发展历程,可以将其分为矿产资源地质评价、矿产资源经济评价、矿产资源综合评价。

一、矿产资源地质评价

矿产资源地质评价是对矿产资源的潜力进行评价,属于矿产资源评价的早期阶段。现代矿产资源评价由矿床成因论和经济地质学发展而来,主要用于评价假设的矿产储量,而且是未发现矿区的潜在储量,定性地描述国家矿产资源满足预期的需求保障程度,尤其是那些关键性或战略性矿产的保障程度。矿产资源的潜力评价沿用成矿规律与成矿预测的理论知识,开发了以相似类比理论为基础的"三部式"矿产资源定量评价理论体系,以求同求异理论为核心的"三联式"矿产资源定量评价理论,以"奇异性-广义自相似性-分形谱系"为核心的非线性矿产资源定量评价理论,GIS 环境下矿产资源定量评价理论,以及综合信息矿产资源定量评价理论,等等。矿产资源潜力评价采用的地质方法主要有矿床模型法、丰度估计法、镶嵌模型法等。诺贝尔奖获得者 Maurice Allais 1957 年的工作开创了矿产资源评价研究的新纪元。他最早将泊松模型和对数正态数学模型分别运用于矿区个数分布及矿区价值分布研究,希望能够定量描述具有风险的勘查行为。地质学家们开始将定量的地质信息与资源描述指标联系起来构建多元统计模型,希望能够用客观或主观估计的概率或资源指标来描述资源形成的有利性,由此形成了区域价值估计法、丰度估计法、德尔菲法等,推动了地质统计学或空间统计学的快速发展。

二、矿产资源经济评价

随着经济社会的发展,对矿产资源单纯进行地质评价不能满足经济建设需要。对矿产资源社会价值的评价,要求以团队的形式和更加系统的方法来进行,确保不同学科的专业知识有机地结合起来。它既包含对资源潜力的评价,同时也综合考虑技术、经济等因素,由此催生了矿产资源经济评价。从矿产资源开发利用角度来看,矿产资源经济评价的重点开始转向分析矿产资源利用的技术可行性和经济合理性。这也是当前开展矿产资源经济评价的主要目的,因而成为重点介绍的内容。

矿产资源经济评价也称为矿产资源技术经济评价,是指从矿产资源的自然丰度、自然分布等客观属性出发,评价其是否满足技术上可行和经济上合理等开发利用要求。按照评价层次和范围的不同,矿产资源经济评价可分为矿床技术经济评价、区域矿产资源经济评价和全国性的矿产资源宏观评价。它们都是根据矿产地质勘查工作所获取的资料,按照技术可行、经济合理的原则,为地质勘查项目的开发利用、区域经济发展规划及宏观经济发展作出决策。其中,单个矿床的技术经济评价和区域层面的经济评价是宏观评价的基础。

矿床技术经济评价是根据已有的矿床地质勘探资料和地质评价报告,对矿床未来的开发条件、加工利用条件及市场条件进行全面的分析研究,以评定矿床有无开发利用价值,以及开发后将有多大经济价值的一项工作。它可为勘查项目取舍及开发建设决策提供科学依据。

区域矿产资源经济评价是根据地质勘查工作已查明的矿产资源基础条件、技术经济条件、开发利用条件、工业布局和配套、区域或国家经济对矿产资源的需求及市场条件等,对研究区域内的矿种的资源经济价值作出综合评价,确定其优劣顺序,为区域矿产资源勘查、开发利用与保护决策提供科学依据。

矿产资源宏观评价建立在每个矿区勘查及其评价的基础上,可以涉及所有勘查的矿种,也可以只涉及当前急需、紧缺的矿种或特色矿种。矿产资源宏观评价的目的主要是阐明矿产资源与全国宏观经济发展的关系,以便从矿产资源角度为社会经济发展指明方向,同时又依据社会经济发展的需要对矿产资源勘查提出要求。矿产资源的宏观评价属于战略评价,主要从资源储量、成矿地质条件和地质经济三方面进行,其中以资源储量评价最重要。

三、矿产资源综合评价

传统的矿产资源评价主要服务于矿产资源的勘查开发利用,通过对矿产资源的潜力与经济效益进行评价和预测,进而提出相关开发建议。这种评价主要考虑技术和经济两方面因素,没有考虑生态环境、政治法律等其他因素对矿产资源开发利用的影响,因此不能适应可持续发展的要求。这就推动了矿产资源综合评价工作的开展。

随着生态环境和气候问题日益受到重视,矿产资源评价中开始考虑环境因素,以减轻由潜在的资源开发造成的环境破坏。根据《中华人民共和国环境影响评价法》,环境影响评价是对规划和建设项目实施后可能造成的环境影响进行分析、预测和评估,提出预防或者减轻不良环境影响的对策和措施,进行跟踪监测的方法与制度。矿产资源环境评价是在矿产资源勘查开发过程中,对各种环境因素及其所构成的生态系统可能造成的影响进行评价,进而为资源开发利用决策提供科学依据。与此同时,随着对矿产资源开发所引起社会问题的重视,环境评价的内涵不断拓展,由早期的自然环境延伸到社会环境,矿产资源环境评价进一步可细分为生态环境影响评价和社会环境影响评价。

与矿产资源环境评价有关的一项工作是矿山地质环境调查与评价。根据中国地质调查局的地质调查技术标准《矿山地质环境调查评价规范》(DD 2014—05),矿山地质环境调查是通过资料收集、遥感解译、野外调查、样品采集与测试、物探、槽探及浅井等方法手段,查明矿山地质环境问题的类型、分布及危害状况。矿山地质环境评价是在矿山地质环境调查的基础上,依据相关标准,采用定量或半定量的方法,评定矿山地质环境问题的影响程度,分析矿山地质环境问题的成因及变化趋势,提出矿山地质环境问题防治对策。由此可见,矿山地质环境评价与矿产资源环境评价是不同的。开展矿山地质环境评价工作的意义在于为政府部门编制矿山地质环境防治规划提供基础资料,为行政管理部门依法监管、科学决策提供依据,为矿山地质环境保护与治理提供支撑等。

在可持续发展背景下,矿产资源战略直接影响矿产资源的可持续利用和资源安全,推动矿产资源综合评价的外延进一步延伸。矿产资源战略评价是从国家战略管理的角度出发,从宏观层面分析矿产资源的科学配置与可持续利用问题,着重解决矿产资源的安全供给和与环境协调发展问题,促进经济、社会、资源、环境的协调发展。显然,矿产资源战略评价是对资源开发利用战略的经济、社会、环境效益等方面的评价,其实质是对矿产资源可持续性的评价。

第二节 矿床技术经济评价

矿床技术经济评价的主要目的是预估矿床未来开发利用的经济价值和社会效益,为勘查项目的取舍及矿山进一步开发投资决策提供科学依据。

一、评价原则和意义

1. 评价原则

随着中国经济体制改革深化,矿产勘查工作也不断适应中国特色社会主义市场经济体制的要求,以满足国民经济发展的需要。矿床技术经济评价的首要原则是坚持矿产资源归国家所有,在此前提下应进一步强调探矿权及采矿权有偿取得的原则、审批登记原则、排他原则和依法转让原则等。矿床技术经济评价不仅充分体现了维护所有者意志和利益的原则,也充分体现了维护勘查投资人合法权益的原则。勘查投资人通过进行地质勘查,在找到矿床后可以优先取得采矿权,并通过采矿或转让他人开采,回收投资并取得利润。

2. 评价意义

(1) 为勘查开发项目取舍与排序,以及矿山开发投资决策提供依据。矿床地质勘查工作是淘汰无工业价值矿床,不断筛选有价值勘查项目的过程。为了做好勘查项目取舍和矿山开发投资决策工作,除了要进行地质评价以外,还应进行技术经济评价。而且,技术经济评价更为重要。根据各阶段技术经济评价的结果,对勘查项目进行择优排序,转入下一步勘查工作,或进入矿山建设阶段。

(2) 为选择最佳矿山经营参数提供依据。在矿山经营参数中,矿石品位参数最为重要,而最佳品位参数的确定,是以矿床技术经济评价最大值作为依据的。比如经常用的方案法,是首先选择几个邻近品位指标的品位,据其分别圈定矿体,并计算可采矿石储量和平均品位,以及开发利用后的经济价值和社会效益,从中选择经济价值最大、社会效益最好的品位作为最佳品位,从而充分利用矿产资源。

(3) 为矿床勘查工作经济核算奠定基础。矿床地质勘查工作是否应该继续进行下去,取决于该工作所取得的效用能否抵偿生产费用,即要对勘查成果的价值进行经济核算。这里的效用是指矿产物质组分的社会价值,生产费用是指成本费用。

此外,矿床技术经济评价还可为共伴生矿产资源综合利用及探矿权转让、采矿权价值评估等提供依据。

二、技术经济评价的一般步骤

矿床技术经济评价是一项涉及范围较广而又比较复杂的工作,必须采取科学的工作程序,有计划、有步骤地进行。矿床技术经济评价的步骤一般包括以下7个方面。

1. 确定目标

参加评价的人员应根据矿床地质勘查阶段的性质和特点,确定评价的任务和所要达到的目标。

2. 收集和整理资料

无论采用何种技术经济评价方法,都要有一定的资料作为依据。收集的资料越系统、广泛、切合实际情况,评价的结论越可靠。矿床技术经济评价所用的资料一般包括以下几个方面。

(1) 矿床地质勘查工作费用。除了待评价矿床的实际勘查费用之外,还应包括被淘汰的其他无工业价值矿床的地质勘查费用。

(2) 矿体的形态、产状、空间分布规律,以及不同级别的矿产储量和资源总量等。

(3) 矿石的质量,包括有用组分含量、伴生的有益和有害杂质的含量、矿物成分、矿石结构构造、矿物嵌布特征及粒度,以及矿石选冶加工性能等。

(4) 矿床开采技术条件,如矿体埋藏深度、水文地质条件、顶底板围岩和矿体稳固程度、矿体受构造破坏程度。

(5) 矿区自然经济地理状况及内外部建设条件。

(6) 社会政治因素。

(7) 矿产资源经济形势。

对收集的资料,要进行可靠性评述,并进行加工整理、汇总归类,使资料具有系统性、全面性。

3. 拟定采选方案,确定技术经济指标

应根据矿床的具体地质特征、当前的开采技术水平和技术加工试验成果等,拟定未来矿山企业的开采和选矿工艺流程的可能方案,通过类比和计算,确定下列重要参数和技术经济指标:① 矿山企业的年生产能力(原矿或精矿)及服务年限;② 矿床工业开发的基建投资、流动资金和资本化利息;③ 1 t 最终产品(原矿、精矿或金属)的生产成本;④ 原矿或精矿的品位;⑤ 采矿损失率和矿石贫化率;⑥ 有用组分的加工(选矿和冶炼)回收率和产率;⑦ 矿产品的价格。

4. 进行国民经济评价

这一步骤的主要任务是从国民经济整体角度出发,按照调整后的经济参数,借助经济分析报表,计算矿床开发后的宏观经济效益。

5. 不确定性分析

在进行矿床技术经济评价时,由于客观条件的影响和主观认识方法上的局限,往往会遇到一些不确定性因素,给评价的经济效益带来不确定性,这就需要进行不确定性分析,以避免或减少决策失误。

6. 综合评价

这一步骤的主要任务是对企业经济效益和国民经济效益进行综合评价与论证,提出评价项目是否转入下一步勘查或开发的决策意见。

7. 编写评价报告

在评价过程中要加强信息反馈,使评价工作更加完善。

三、不同勘查阶段的矿床技术经济评价

矿床地质勘查工作必须遵守循序渐进的原则,分阶段逐步开展。不仅如此,勘查工作还应根据国民经济的需要,争取用最合理的方案和方法,最少的人力、物力和财力消耗,在最短的时间内,取得最多的地质勘查成果和最佳的经济社会效益,使勘查和开发的投资风险最小,这决定了矿床技术经济评价具有阶段性的特点。

矿床地质勘查工作一般划分为普查、详查和勘探 3 个阶段,每个阶段中的技术经济评价依次被命名为矿床概略技术经济评价、矿床初步技术经济评价和矿床详细技术经济评价。由于不同阶段对矿床地质特点的认识程度不同,因此,各阶段矿床技术经济评价的目的、要求和内容也不相同。

1. 矿床概略技术经济评价

对矿床进行普查,可粗略地查明矿床规模、矿石质量、矿石加工技术性能、开采技术条件及矿区自然经济条件等。

开展矿床概略技术经济评价,首先要对这些资料是否达到本阶段工作程度要求提出评述意见,着重分析该矿产的国内外地质资源概况、国内供需形势和资源保证程度、国际市场供需现状和发展趋势,并在国家资源开发政策与中、长期规划的基础上,结合本矿床储量的概略远景、相应的试验研究资料和矿山基本建设的内外部条件,评价该矿床开发利

用的可能性及国民经济意义;然后,利用有关矿产规范中的工业指标计算储量,通过采用拟定的开发方案和有关技术经济参数,用静态企业经济评价方法,概略估算未来开发利用时的可能盈亏情况。

概略技术经济评价的结论正确与否,对后续勘查工作及矿产资源的开发利用至关重要。因此,必须做好矿床概略技术经济评价,为能否转入下一阶段详查提供决策依据。

2. 矿床初步技术经济评价

对矿床进行详查,可获得较丰富的地质信息和基础资料,包括矿床地质构造条件,矿体空间分布,矿体的形态、产状和规模,矿石有用物质组分的含量及其赋存状态,矿石技术加工性能,矿床的水文地质和工程地质等开采技术条件及矿山建设条件等。

开展矿床初步技术经济评价,首先要对这些资料是否达到本阶段工作程度要求提出评述意见,在阐明矿床开发的国民经济意义的前提下,对该矿床未来矿山建设与开采的地质、资源、生产、技术、市场等具体条件作出初步分析;然后,采用符合该矿区具体条件,并与有关工业部门协商的工业指标计算储量,根据本阶段试验研究结果,参考同类矿山的实际情况拟定采选方案,利用接近该矿床实际情况的技术经济参数,用静态和动态经济评价方法,计算和分析矿床工业开发的企业经济评价和国民经济评价指标,以初步反映矿床未来开发利用的经济价值和社会效益。

通过初步技术经济评价,证实经济价值较大、经济社会效益较好并可纳入国家近期建设计划的矿床,方可转入勘探阶段。初步技术经济评价是减少矿床勘探投资风险的关键性评价。经初步技术经济评价肯定的矿床转入勘探后,尽管某些评价参数可能会发生变化,但是不应出现评价结论的根本性变化。对目标矿床作出否定评价时,必须资料充分、可靠,论证客观、全面。

3. 矿床详细技术经济评价

对矿床进行勘探,可获得大量系统、可靠的地质信息和地质资料,包括矿石的质量和技术加工特性、矿床的开采技术条件及水文地质条件等。

开展矿床详细技术经济评价,首先要对这些地质、技术、经济资料是否达到本阶段工作程度要求提出评述意见,再详细分析矿产资源形势、市场条件、产品方向与前景,并根据矿山建设项目建议书与矿山总体规划的具体要求,详细分析未来矿山设计建设与生产经营的具体条件;然后,根据工业部门正式制定并批准的矿产工业指标计算储量,根据相应试验研究的结果,结合矿床具体技术经济条件,经过比选、优化,拟定矿山建设的合理方案,采用符合矿区具体经济条件的参数,计算矿床开发利用的微观经济效益和宏观经济效益,并充分考虑该矿床未来的开发对生态环境的影响等。其评价结果可作为矿山建设可行性研究和确定矿山设计与合理开发的依据。

四、矿床技术经济评价的影响因素

矿床技术经济评价的影响因素较多,如地质因素、开发利用技术条件、经济技术因素等。其中,地质因素包括矿体的产状、分布、厚度、储量等,将直接影响资源未来开发利用的开采方法、生产成本、生产规模及销售价格。此外,矿床的开发利用技术条件也是重要的影响因素,如围岩稳固性和机械物理性质、水文地质和工程地质条件等,都会直接影响后续的矿山建设和生产活动。对以上两大类影响因素的分析,应根据不同矿床的具体情况分别进行。这里重点围绕开展矿床技术经济评价的经济技术因素进行分析,主要包括矿产品价格、建设资金、生产成本、利率和贴现率、税费、工业指标等。

(一)矿产品价格

在矿床技术经济评价的影响因素中,销售收入的变动往往比成本费用更敏感,而销售收入又受到品位、生产能力、金属回收率和矿产品价格的影响。对矿产品价格的估计是重点和关键所在,因为价格不仅随时间变化,而且与供需关系有关。

矿产品的价格是由凝聚在矿产品中的社会必要劳动量决定的。由于矿产资源是一种不可再生的自然资源,它的开发工作遵循"报酬递减规律"。同时,矿床在自然界的分布及其自然丰度又存在较大的差异,这将直接影响人们对矿产资源开发利用所投入的劳动量。另外,人类对矿产资源的需求量在不断地增长,这迫使人类不得不对劣等矿产资源进行开发利用。为了保证开发利用劣等矿产资源的矿山企业也能获得合理的收益,在对矿产品进行定价时,应按开发利用劣等矿产资源矿山企业的社会平均先进劳动消耗定额,而不是按全部矿产资源矿山企业的社会平均先进劳动消耗定额来加以确定。对于矿山企业在开发利用优等矿产资源中获得的超额利润,国家可将其作为税金或租金加以回收。同时,由于矿业生产活动受到资源状况经常变动的影响,其生产活动常常具有一定的风险,特别是金属矿产的勘查风险远高于其他矿产。因此,在对矿产品进行定价时,应保证矿山企业的资金利润率高于其他行业。

矿产品定价最常用的方法是利润加成本定价法,定价公式为

$$Z = \frac{S_T + P_T}{D_T}$$

式中:Z 为矿产品的销售价格(元/t);T 为矿山开发时间(a);S_T 为按劣等矿产资源确定的总成本(元);P_T 为矿产品期望利润(元);D_T 为矿产品预计销售量(t)。

(二)建设资金

建设资金包括固定资产投资、流动资金和固定资产贷款利息(资本化利息)3个部分。

1. 固定资产投资

固定资产投资是指花费在工程建设上的全部活劳动和物化劳动的总和。其中绝大部分用于建设场地的准备,主要生产设施、辅助性生产设备和矿山生产外部条件的建设,小部分用于施工管理、职工培训、勘测设计、地质勘探、矿石技术加工试验、矿山建设可行性研究等,这部分花费不形成固定资产。

固定资产投资与矿床的特点、产出条件、矿山企业生产规模、矿床开采和技术加工方法、自然地理经济等因素有关,其估算的准确程度(精度)取决于工作的深度和广度,以及资料占有程度。常用的估算方法有扩大指标法、生产规模指标法和分项成本累加法。

2. 流动资金

流动资金是垫支在劳动对象上的工资及其他支出等要素方面的资金,即矿山企业经营过程中作为周转用的资金,它在周转中表现为生产储备资金(包括原材料、低值易耗品、燃料等占用的资金)、未完工产品资金、成品资金、货币资金与结算资金(包括商品应收款额、银行存款、现金等)等占用形态。它的价值周转是一次全部转移到产品中去,并从产品销售收入中一次全部得到回收,它只经过一个生产周期就可以完成一次从垫支出去到全部收回的循环,其价值周转方式具有流动性,故称为流动资金。

3. 固定资产贷款利息

矿山企业在基建期间不生产产品,因无法偿还固定资产投资应支付的贷款利息,不得不另行借贷,故固定资产贷款利息又称为资本化利息。资金筹措包括资金筹集和资金运用,中国建设资金的国内来源渠道有财政拨款、银行贷款和企业自筹资金等,国外来源渠道主要有政府贷款、出口信贷及补偿贸易和合资经营等。

资金的合理运用主要表现在对贷款数额的准确估算、年度用款计划和贷款占用时间等方面。在满足项目用款需要的前提下,要尽量削减贷款数量,合理安排年度用款计划,减少贷款占用时间。

(三)生产成本

矿产品的生产成本是反映矿山企业生产活动劳动消耗的综合性指标,是评价矿山企业经济效益不可缺少的因素。生产成本除与矿山企业的生产经营水平有关外,还与矿床地质条件、开采技术条件以及矿山企业的技术经济参数有关。矿山生产成本是指矿山企业为生产和销售矿产品而支付的一切费用。它包括已耗费的生产资料的价值,如原材料及辅助材料、燃料、动力费,工资及附加费,固定资产折旧费,销售矿产品的开支,如保管费、运输费及销售费用等。

1. 生产成本估算

生产成本主要根据过去的统计资料和经验预估,常用估算方法有扩大指标法和分项成本累加法。

(1) 扩大指标法:根据单位成本扩大指标,或类似矿山的实际单位成本直接选取。需要注意的是,矿产品种类不同,成本估算方法也不同。

(2) 分项成本累加法:按照成本构成逐项进行估算,然后累加求和。采矿成本通常包括辅助材料费、燃料及动力费、生产工人工资、大修理费[①]、折旧费或维简费[②]、行政(企业)管理费、地质勘查工作补偿费等。

2. 折旧费

为了更新原有的固定资产,必须将原有固定资产的价值在其使用期间转作生产成本,从产品的收入中及时提取出来,以保证后续生产的顺利进行。这种为了更换生产性资产留出的准备资金叫折旧费。可见,折旧的经济意义表现在,从生产费用角度看,折旧费是一项生产费用,要正确地计入产品的成本中;从资金回收角度看,折旧费又是一项资金回收收入,即从固定资产转变为流动资金的回收收入,要据之提存折旧资金,保证固定资产的再生产。

常用的折旧方法有直线折旧法和连本付息折旧法两种。

(四) 利率和贴现率

1. 利率

利率是在一定时期内所付利息额与所借资金额(即本金)的比值,付息周期通常以年为单位。一般来说,利率的高低首先取决于社会平均利润率,并随之波动,利率一般略低于社会平均利润率。在此基础上,利率还会受金融市场上借贷资本供求状况的影响——供大于求,则利率下降;求大于供,则利率上升。此外,物价稳定的程度、借出资金承担风险的大小以及政治动向等,都会使利率上下浮动。

2. 贴现率

贴现率是一定时期的贴现利息与期票票面金额的比率。贴现率通常由利率、社会劳动生产率的增长率和通货膨胀率所决定。贴现率与前两者呈正相关关系,与通货膨胀率呈负相关关系。一般情况下,社会劳动生产率的增长率总是大于通货膨胀率,因此贴现率

---

① 大修理费:也称大修费,指为恢复固定资产性能,对其大部分或全部进行修理所需的资金。

② 维简费:指维持简单再生产所需的资金。

往往要高于利率。贴现率的取值主要取决于投资的社会平均利润,它反映了企业管理水平以及积累与分配的关系。在中国,贴现率可以根据国民经济平均增长速度确定,它是劳动生产率增长的百分数,相当于年利润增值百分数。

（五）税费

目前国家对矿山企业征收的税费,除了企业所得税、增值税和城镇土地使用税等国家及地方通用税种以外,还有资源税、矿业权占用费和矿业权出让收益等矿业专门税费。

（六）工业指标

工业指标是指在当前技术经济条件下,对矿床能够被开发利用所规定的综合标准,也是矿山企业对矿产质量和开采条件所提出的要求。它能保证合理地圈定矿体,计算储量,正确进行可行性研究和经济评价,促进矿产资源的合理利用以及确定最优的矿床开采方案,从而取得最大的经济效益。

工业指标通常包括边界品位、最低工业品位、最低可采厚度、夹石剔除厚度、含矿系数和米百分率等。这些参数的变化,往往会影响矿床经济评价的结果。如某矿床品位指标的变化,会导致矿体厚度、矿石平均品位和储量的改变,进而影响开采方法、生产规模和矿床开发利用的经济效果,所以品位指标是否正确,既关系到矿产资源的合理利用,又关系到矿床开发利用的经济效益。故在进行矿床技术经济评价时,务必选择合理的品位指标。

五、矿床技术经济评价的分类

按照矿床技术经济评价开展的层次范围,矿床技术经济评价可分为企业经济评价和国民经济评价。进行企业经济评价的目的是确保企业经济效益最大,而进行国民经济评价的目的是取得最大的国家利益。在进行矿床勘查项目的取舍和矿山建设投资决策时,需要综合考虑企业经济评价和国民经济评价的结果。

（一）企业经济评价的方法和指标

企业经济评价是从企业的角度出发,在现行市场价格和财税制度的基础上,从财务上对矿床勘查项目未来开发利用的经济效益进行评价。可见,企业经济评价是对企业的盈利能力进行分析,计算出来的经济效益指标是微观的、近期的和局部的,也被称为微观经济评价。企业经济评价的方法可分为静态评价法和动态评价法两种。

1. 静态评价法和指标

静态评价法是在矿山整个服务周期内不考虑时间因素对资金价值的影响,计算可能获得的经济效益的一种评价方法。该方法计算简便,多用于矿床的概略技术经济评价。静态评价法常用的指标有总利润额、投资利润率、静态投资收益率和静态投资回收期等指标。

2. 动态评价法和指标

动态经济评价是在静态经济评价的基础上发展起来的。动态经济评价中引入了"资金的时间价值原理",即评价时考虑了时间因素对资金价值的影响。采用动态评价法,可使不同时间的费用及其产生的经济效益具有可比基础。主要评价方法有总现值法、净现值法、净现值比法和内部收益率法。其中总现值法是把矿山企业各年的开采期望利润,逐一贴现成投产之日或某一规定时间的现值,然后将各年现值累计相加获得总现值。总现值应包括企业建设投资贴现利润和储量价值贴现利润两部分。

(二)国民经济评价的方法和指标

国民经济评价是根据国民经济长远发展目标和社会需求,考察矿床开发对经济、社会、生态环境等的影响,并根据贡献大小对项目进行评价和取舍。国民经济评价既考虑其直接效益,又兼顾其产生的间接效益,不仅要计算本部门的经济效益,还要计算相关部门和使用部门的经济效益。国民经济评价是宏观的、长远的和全局的经济评价,也称为宏观经济评价或社会效益评价。

国民经济评价以国家净收益和国民收入净增值为基础,通常采用的主要评价指标包括国民收入净增值、国家收益率等,辅助指标包括就业效果、分配效果等,此外还有技术发展、环境保护等方面的指标。其中,国民收入净增值指标是从国家角度来衡量投资项目对国民经济的贡献,是国家净收益加工资;国家收益率(或称社会收益率)指标是按调整价格和调整汇率计算的国家净收益(社会盈余)的现值和等于零时的贴现率;就业效果指标指单位投资所创造的就业机会,一般用每万元投资带来的就业人数来表示。国民经济评价也有静态评价法和动态评价法之分。

六、不确定性分析

不确定性分析是为研究技术方案中的不确定因素或参数对经济效益的影响程度而进行的一种经济分析方法。

在矿床技术经济评价中,由于所依据的大部分数据(如产品销售价格、产量、成本和投资等)都是预测和估算的数字,具有不确定性,加之影响矿床经济评价的某些地质资料(如矿产储量和矿石品位等),也大都是根据抽样观察的结果推断确定的,因而矿山建设项目的不确定性程度比其他工程项目更高。这些因素的不确定性,将使矿床开发决策具有较大的潜在风险,容易造成决策上的失误。所以,为了尽量查明和减少不确定性因素对评价的影响,使评价结果更好地为决策服务,必须进行不确定性分析。不确定性分析通常包括盈亏平衡点分析和敏感性分析。

1. 盈亏平衡点分析

盈亏平衡点是企业盈亏的分界点。在盈亏平衡点上,企业的收入与支出相等。众所周知,影响盈利大小的直接因素主要有 3 个,即单位产品销售价格、成本和产品数量。盈亏平衡点分析是通过改变售价、成本和产品数量等因素,使盈亏平衡点发生移动,以分析经营的不确定性。盈亏平衡点分析有时也称为损益分界点分析或量本利分析,是分析投资项目产品销售量、成本与利润关系的一种方法。对盈亏平衡点的分析,可以归结为"在什么产量水平上实现最低成本和最大利润"的经济学问题。

一般来说,收入=成本+利润。如果利润为零,则有

$$收入 = 成本 = 固定成本 + 变动成本$$

其中,收入=销售量×价格,变动成本=单位变动成本×销售量,于是有

$$销售量 \times 价格 = 固定成本 + 单位变动成本 \times 销售量$$

可以推导出盈亏平衡点的计算公式为

$$保本销售量 = \frac{固定成本}{价格 - 单位变动成本}$$

2. 敏感性分析

影响矿床经济效益指标的不确定因素很多,而且每个因素的影响程度不尽相同,有的使经济效益降低,有的则使经济效益提高。所谓敏感性分析,是研究反映矿床经济效益的指标(如投资收益率、投资返本期和净现值等),随其影响因素(如储量、品位、售价、成本和投资等)的不同给定值而变化的规律。敏感性的强弱,是指经济效益指标对其影响因素的敏感程度大小。如果某种影响因素不太大的变化,却使经济效益指标发生了较大的变化,则说明该指标对这种因素敏感性强、灵敏度大。因此,敏感性分析也称为灵敏度分析。

敏感性分析是矿床经济评价中常用的一种研究不确定性的方法。通过敏感性分析,可以掌握每个因素的变化与经济效益的关系,了解相互变化的规律和数量关系,找出影响矿床经济价值和经济效益的有利因素及不利因素,以及影响矿山开发经济生命力的最关键因素,从而为决策者和经营者提供决策依据。

第三节　区域矿产资源经济评价

一、概述

区域矿产资源经济评价是根据地质勘查工作已查明的矿产资源基础条件、技术经济条件、开发利用条件等，对研究区域（矿业经济区、成矿远景区等）内的矿产资源的经济价值作出综合评价，确定其优劣顺序，为区域经济发展规划、区域矿产资源勘查、开发利用和保护决策提供科学依据。

二、区域矿产资源经济评价的影响因素

区域矿产资源经济评价的影响因素较多，归纳起来有以下 5 类。

1. 矿产资源因素

矿产资源因素是影响区域矿产资源经济评价结果的基本因素，包括矿产储量潜在总值、探明储量在全国的地位、区域保有储量在全国总储量中的占比、矿石平均品位、富矿的比例、有利成矿地质条件和找矿远景预测等。

2. 矿产资源开发利用条件

矿产资源开发利用条件是区域矿产资源经济评价的重要因素，包括矿山建设条件（如交通运输条件，供水、供电和矿区自然经济地理条件等）、矿床开采技术条件（如开采方案和矿区水文地质条件）、选矿加工技术条件（如矿石选矿加工处理方法、工艺流程和选矿指标等）、环境保护措施等。

3. 社会经济因素

社会经济因素可分为社会经济基础因素和社会经济效益因素。社会经济基础因素包括该地区经济发展历史和现状、经济发展目标、生产力布局以及在全国经济建设中的地位和作用等，它制约着矿产开发利用水平。社会经济效益因素则是评价区域矿产资源开发利用的标准，包括年总产值、年净产值、年销售税金、年利润总额、年工业增加值增长率、投资（资产）收益率、年就业人数等。

4. 市场因素

市场因素是影响区域矿产资源经济价值的重要条件，包括矿产品储备情况，矿产品生

产、消费和价格等。

5. 矿业产业基础因素

矿业产业基础因素也是影响区域矿产资源经济价值的因素,它包括该地区矿业开发程度和现状、矿业投资水平、固定资产原值、全部职工人数、工程技术人员总数等。

三、区域矿产资源经济评价的程序和方法

(一)评价步骤

区域矿产资源经济评价的一般程序如下。
(1)明确评价地区和对象。
(2)收集、整理和分析资源经济评价各影响因素的数据资料。
(3)构建评价体系。由于区域矿产资源经济评价是一个由相互关联、相互制约的众多因素构成的复杂系统,而构建评价体系能使复杂问题条理化、层次化,因而它是解决系统问题必不可少的手段。
(4)选择合适的评价方法进行综合经济评价研究。常用的方法有模糊综合评价法、层次分析法、灰色综合评价法等。
(5)评价结论分析。

(二)构建评价体系

(1)确定系统问题的总目标,构建目标层。在区域矿产资源经济评价过程中,总目标往往是确定最佳矿产种类或矿业经济区。目标层是系统分析的最高层。
(2)确定系统问题总目标的影响因素,构建约束层,即分别考虑矿产资源因素、矿产资源开发利用条件、社会经济因素、市场因素和矿业产业基础因素对总目标的影响。
(3)确定各影响因素所包含的评价指标,构建指标层。约束层和指标层构成系统分析的中间层。
(4)选择评价对象,构建评价对象层。这是系统分析的最底层。在区域矿产资源经济评价过程中,不同评价种类有不同评价对象。

构建某地区区域矿产资源经济评价体系时,首先,将目标层设为确定某地区最优矿种或最优矿业经济区。其次,构建约束层,包括矿产资源基础、矿产资源开发利用、社会经济效益和市场因素4个方面的内容。再次,在约束层下设计指标层,矿产资源基础应包括保有储量潜在价值、保有储量占全国的比例、高级储量占比等指标;矿产资源开发利用应包括交通运输条件、能源条件、开采技术条件等指标;社会经济效益应包括年总产值、年净产值等指标;市场因素应包括矿产品储备、矿产品产量、消费量等指标。最后,确定评价对象层,包括该地区的主要矿种和主要矿区。

（三）区域矿产资源经济评价方法

下面将采用模糊综合评价法进行区域矿产资源经济评价。

（1）基本评价模型：
$$\boldsymbol{B} = (b_1, b_2, \cdots, b_m) = \boldsymbol{A} \cdot \boldsymbol{R}$$

式中：$\boldsymbol{B}$ 为模糊综合评价结果；A 为评价因素的权重分配集；$\boldsymbol{R}$ 为评价矩阵。

（2）A 值的确定。在区域矿产资源经济评价过程中，由于评价指标的大小会直接影响评价的结果，而且它们往往成正比或反比关系，因而有必要确定评价诸因素的权重。确定权重的方法有很多，比如层次分析法和熵值法等。

（3）评价矩阵 $\boldsymbol{R}$ 的建立。可通过评价指标的隶属函数计算隶属度值而构成评价矩阵。通常是根据评价者要求和评价系统的几何分布形式来构造隶属函数，一般它们可分为线性分布、级差分布和奖惩分布隶属函数。例如线性分布的隶属函数如下式所示：

$$r_{ij} = \frac{x_{ij}}{a}$$

式中：r_{ij} 为第 i 个变量隶属于第 j 个指标的隶属度值；x_{ij} 为第 i 个变量（对象）第 j 个指标的效果；a 为某常数。

通过不同隶属函数计算出来的隶属度值，可构成不同评价矩阵 $\boldsymbol{R}^{(k)}$。评价矩阵一般利用隶属函数计算而来。

$$\boldsymbol{R}^{(k)} = \begin{bmatrix} r_{11}^{(k)} & \cdots & r_{1n}^{(k)} \\ \vdots & \ddots & \vdots \\ r_{m1}^{(k)} & \cdots & r_{mn}^{(k)} \end{bmatrix}$$

（4）评价模型的运算方法。评价模型的复合运算方法，常见的有普通矩阵乘法 $[M(\cdot, +)]$、取小取大法 $[M(\Lambda, V)]$ 和取大求和法 $[M(V, +)]$ 等数种。这里选取普通矩阵乘法是考虑既要突出主要方面，又要顾及次要方面，尽可能不漏掉信息。

（5）评价结果分析。根据评价结果 $\boldsymbol{B}$，可以确定评价对象的优劣顺序。根据评价结果 $\boldsymbol{B}$ 和给定阈值，确定评价对象类型。

模糊综合评价法的实施过程具体包括：①获取评价数据 x_{ij}；②确定 a 或 a,b 或 a,b,c；③构造 $r_{11}^{(k)}(x)$；④计算 r_{ij}，构造 $\boldsymbol{R}^{(k)}$；⑤计算 a_j，构造 A；⑥计算 $b_j^{(k)}$，构造 $\boldsymbol{B}^{(k)}$；⑦得到评价结果。

第四节　矿产资源综合评价

矿产资源综合评价是在对矿产资源进行经济评价的过程中，综合考虑矿产资源勘查开发可能带来的自然环境和社会环境影响，进而对各种正面和负面影响进行全面预测评价，其评价范围超越了传统的矿产资源技术经济评价的范围。

一、环境影响评价概述

环境影响评价是对规划和建设项目实施后可能造成的环境影响进行分析、预测和评估,提出预防或者减轻不良环境影响的对策和措施,进行跟踪监测的方法与制度。环境影响评价的重点是在决策和开发建设活动开始前,充分体现了环境影响评价的预防功能。作为前置性审批环节,实施环境影响评价对环境保护和污染防治等方面都产生了积极作用。矿产资源的勘查开发属于建设项目,按要求必须开展环境影响评价。

在中国,建设项目的环境影响评价实行分类管理,依据项目对环境的影响程度,采取不同的评价方式:对造成重大影响的建设项目,编制环境影响报告书进行全面评价;对造成轻度环境影响的建设项目,以环境影响报告表进行分析预测;对环境影响很小的项目,只需填报环境影响登记表即可。

无论是环境影响报告书或者环境影响报告表,必须由具有相应资质的机构编制。对应当编制环境影响报告书的建设项目,建设单位应以论证会、听证会等形式,征求有关单位、专家和公众的意见,并在环境影响报告书中附说明,解释采纳或不采纳其中意见的原因后,再报送具有审批权的环境保护行政主管部门审批。审批部门应当自收到环境影响评价文件后,在法律规定的期限内分别作出审批决定,并以书面形式通知建设单位。建设项目正式投产后,对建设项目进行审批的环境行政主管部门有责任对其进行跟踪检查,如果造成严重污染和生态破坏,依法追究失职人员或部门、机构的法律责任。

随着社会经济的发展,现有环境影响评价制度的不足逐渐凸显。特别是在大规模征地拆迁、移民安置、基础设施(如交通、水利)等项目建设中,都涉及一定形式的社会影响。因此,社会影响评价应作为建设项目环境影响评价的重要组成部分予以充分重视。作为环境影响评价新领域,社会影响评价是针对开发项目全过程可能对社会环境造成的影响进行的全面评估和预测。这里的"社会环境"是相对于自然环境而言,广义上包括了整个社会经济文化体系。因此,社会影响评价可以看作是传统环境影响评价的延伸。社会影响评价的目的是通过分析各具体项目对社会环境产生的各种影响,对项目的社会效益、经济效益和环境效益进行综合分析,提出防止或缓解各种不利社会环境问题的途径或补偿措施,使建设项目的环境论证更加充分可靠。

二、矿产资源环境影响评价

矿产资源的勘查开发对生态环境具有双重影响。一方面,矿产资源的开发利用会产生大量的"三废",直接对环境造成污染,使生态环境恶化;另一方面,矿产资源开发的工程活动可能诱发滑坡、崩塌、泥石流等地质灾害,造成人员和财产安全事故。因此,开展环境影响评价是矿产资源经济评价的重要内容之一。

（一）环境影响评价工作程序

根据标准《建设项目环境影响评价技术导则 总纲》（HJ 2.1—2016），开展环境影响评价工作的前提和基础，是分析判定建设项目选址选线、规模、性质和工艺路线等与国家和地方有关环境保护法律法规、标准、政策、规范、相关规划、规划环境影响评价结论及审查意见的符合性，并与生态保护红线、环境质量底线、资源利用上线和环境准入负面清单（简称"三线一单"）进行对照。环境影响评价工作一般分为3个阶段，即调查分析和工作方案制定阶段、分析论证和预测评价阶段、环境影响报告书（表）编制阶段。

在第一阶段，首先要依据相关规定确定环境影响评价文件类型，然后对相关技术文件进行研究，进行初步工程分析，开展初步的环境现状调查；在此基础上，开展环境影响识别和评价因子筛选，明确评价重点和环境保护目标，确定工作等级、评价范围和评价标准，进而编制工作方案。在第二阶段，应开展环境现状调查监测与评价，并进行建设项目工程分析，在此基础上对各环境要素的环境影响进行预测与评价，并进行各专题环境影响分析与评价。在第三阶段，需要根据环境影响评价提出环境保护措施，并进行技术经济论证，给出污染物排放清单，给出建设项目环境影响评价结论，最后编写环境影响报告书（或表）。《建设项目环境影响评价技术导则 总纲》（HJ 2.1—2016）对以上工作程序的各个环节进行了详细解读。

（二）矿产资源环境影响评价方法

矿产资源环境影响评价是通过对矿产资源勘查开发造成的环境影响和防治措施进行分析，以确定环境影响的强度和环境治理的效益，为有效控制环境污染和实施矿业可持续发展提供依据。其作用主要体现在两方面：一是为矿产资源勘查、开发及环境保护投资提供可行性分析；二是为制定矿产资源勘查、开发与利用的环境政策、实施环境管理和污染控制提供决策依据。在矿产资源经济评价中，不仅要考虑技术上可行、经济上合理，而且要考虑环境的可承载问题，对其环境后果作出预测和评价。显然，矿产资源勘查开发的环境影响是千差万别的。这取决于所涉及资源的种类、开采方式及矿区环境的特点，可能还与当地社会经济发展水平有关。因此，需要针对不同的矿种和具体的矿山，采用不同的环境影响模型，分别进行环境影响评价。这里，仅简单介绍环境影响评价的一般模型和环境影响评价的指标体系。

环境影响评价模型可分为两类：环境指数模型和环境质量综合评价模型。其中，环境指数模型细分为单因子环境评价指数模型和多因子环境评价指数模型。

1. 单因子环境评价指数模型

单因子评价指数是最简单的质量指数，可用来表征环境质量的变化。其表达式为

$$I_i = C_i / S_i$$

式中：C_i 为第 i 种环境质量因子的观测值；S_i 为第 i 种质量因子的标准值。

国家在制定环境质量评价标准时,会考虑政治、经济、历史、文化、社会和自然资源等多方面的约束性条件,以保证整个国家社会进步、经济持续发展、环境质量不断提高。合理的环境质量评价标准应在考虑当地的土地利用状况、区域环境规划和社会经济发展规划的基础上,由当地环保行政管理部门根据国家环境质量标准加以制定。

2. 多因子环境评价指数模型

矿产资源经济评价中涉及的是多因素的环境影响评价问题,通常需要对环境问题的多个因子的单因子评价指数进行综合,将多因子目标值组合成一个单指数,形成多因子环境质量分指数。多因子环境评价指数是对多个因子的单因子评价指数加权后,再将其综合而得到的,根据综合的方法分为简单加和型指数、加权加和型指数。

3. 环境质量综合评价模型

除了使用综合指数模型外,还可以构建专门的环境综合评价模型。矿产资源勘查开发中主要环境要素包括大气、地表水、地下水、土壤4个因子。假设环境质量标准可以分为5个级别,分别为理想级(a_1)、良好级(a_2)、安全级(a_3)、污染级(a_4)、重污染级(a_5)。可以构建环境影响的模糊综合评价模型,测算矿产资源勘查开发造成的环境影响结果。

(三)环境影响评价指标体系

进行环境影响评价,首先需要解决环境质量的量化问题,这样才能够通过对矿产资源勘查开发中的前后环境质量指标的分析对比,确定矿产资源勘查开发对环境的影响。要全面系统地评价环境质量的好坏,必须建立一套完整的评价指标体系,具体包括环境资源丰富程度、环境灾害发育程度、环境污染严重程度以及社会经济发展程度。

其中,环境资源方面的评价指标包括矿产资源利用价值、土地资源利用价值、水资源利用价值、森林资源利用价值、其他资源利用价值;环境灾害方面的指标包括滑坡损失费用、泥石流损失费用、崩塌损失费用、地表沉降损失费用、水土流失损失费用、其他环境灾害损失费用等;环境污染方面的指标包括大气污染损失费用、水污染损失费用、土壤污染损失费用、噪声污染损失费用等;社会经济方面的指标包括工业总产值、农业总产值、基础设施建设投资价值、其他行业产值等。

三、矿产资源社会影响评价

社会影响评价是对预计行动(政策、规划、计划和项目)的预期及非预期后果,以及任何由这些干预所引发的社会变化过程进行分析、监测和管理的过程。矿产资源的勘查开发活动在对自然环境产生影响的同时,同样会对社会环境产生积极或消极的影响。因此,不仅要对矿产资源勘查开发进行环境影响评价,还应开展社会影响评价。

社会影响评价与环境影响评价二者之间具有紧密联系。首先,环境影响是导致社会影响的重要因素。当产生环境影响时,环境的变化会影响社会的认知和态度变化,它对社会的影响可以是直接的,也可以是间接的。其次,社会影响评价是环境影响评价的重要内容。环境影响评价的范围不仅包括自然环境及项目本身,还包括项目对所在区域社会所造成影响的部分;不仅关注项目的生产工艺、特征污染物、污染物排放量、排放方式及污染处理方式,而且要对当地居民对于项目本身以及环境改变后的心理认可和接受程度开展评估。因此,开展社会影响评价可以对环境影响评价起到重要的补充作用。

当代的社会影响评价是伴随着1969年美国出台的《国家环境政策法案》而出现的,最早是在水资源开发、城市土地开发等大型建设项目中得到应用。1994年,社会影响评价原则与指南国际委员会(International Committee on Guideline and Principles for Social Impact Assessment)出版了《社会影响评价原则与指南》。2003年,国际影响评价协会(International Association of Impact Assessment,IAIA)出版了《国际社会影响评价的原则与指南》。20世纪80年代以来,世界银行、亚洲开发银行、联合国工业发展组织等在向发展中国家提供援助的项目中提出了社会影响评价的要求。尽管中国的环境影响评价经过数十年发展已经积累了丰富的成果,但由于社会影响的复杂性、长期性、广泛性、间接性、隐蔽性和不确定性等特点,社会影响评价的应用还处于比较滞后的状态。为此,这里将主要介绍美国的社会影响评价经验和做法。

(一) 社会影响评价范围与内容

社会影响评价有明确具体的范围。最初社会影响评价是针对工程建设方面的要求而产生的,而后逐渐扩大了适用范围。按照美国社会影响评价指导原则跨组织委员会的看法,从工厂的选址到高速公路、水库、发电厂的建设,从森林的管理到区域多样性的维护,都需要进行社会影响评价。建设项目社会影响评价的内容一般包括:①对直接影响区域的社会经济发展、规划和产业结构等的宏观影响;②涉及的征地拆迁和再安置影响;③对区域内民众生活工作方式、生活质量、健康水平等的影响;④对基础设施(含防洪、灌溉)的影响;⑤对社区发展及土地利用的影响;⑥对项目直接影响区旅游和文化事业发展的促进作用;⑦对项目直接影响区交通运输体系的改善作用;⑧对项目直接影响区矿产资源开发和工农业生产的宏观影响;⑨对文物和旅游资源保护与开发的影响;⑩对其他一些特殊或具体问题的分析,如少数民族、宗教习俗等。

可见,社会影响的评价范围非常广泛。为了便于操作,可以分类别给出一些容易观测的变量。社会影响评价变量有助于我们理解项目建设如何改变人类社区,可告知决策者预计行动的具体后果,并给出一些经验性指标,可在一个具体的项目背景下对其进行测量、收集和解释。目前比较成熟的社会影响评价变量包括人口影响、社区制度、变迁中的社区、个人和家庭影响及社区基础设施需求五大类28个变量(表6-1)。

表 6-1 社会影响评价的常用变量

社会影响内容	经验指标或变量
人口影响	人口变化
	临时性工人的流动
	季节性（旅游性）居民的出现
	个人和家庭的重新安置
	年龄、性别、种族和民族构成的差异
社区制度	对项目态度的形成
	利益群体的活动
	地方政府结构与规模的变化
	有无综合规划活动
	行业多样化
	生活/家庭收入
	强化经济的不平等
	少数群体就业平等的变化
	就业职位的变化
变迁中的社区	外来机构的出现
	机构间的合作
	新社会阶层的出现
	当地商业/工业重心的改变
	周末居民的出现
个人和家庭影响	对日常生活和活动模式的干扰
	宗教和文化活动的差异
	家庭结构的变化
	对社会网络的干扰
	对公共健康和安全的感知
	休闲机会的改变
社区基础设施需求	社区基础设施的变化
	征地和土地配置
	对已知文化、宗教、历史和考古遗址等的影响

（二）社会影响评价方法与流程

社会影响评价具有一套综合的评价方法及合理的评估流程。社会影响评价的方法按评价过程分为影响识别方法、影响评价方法和影响预测方法3类，其基本方法是历史比较模式，分为有无对比和前后对比，可以对事件作出动态阐释，还可以监测短期影响。此外，这种适时监测为评估社会影响提供了一个持续的信息来源，因而为社会影响评价全程动态评估提供了有力支撑。

评价方法与流程是密不可分的，3个评价阶段依次从影响识别、影响评估到影响管理，具体实施程序可分为10个步骤：①形成公众参与项目；②描述预计行动和备选方案；③描述人类环境和影响区域；④识别可能的影响；⑤调查可能的影响；⑥确定受影响群体可能的反应；⑦评估次级和累积影响；⑧推荐修改预计行动或备选方案；⑨减缓补救和增强计划；⑩开发和实施监测项目。其中，"影响管理"阶段的步骤为项目的评估提供了有效的反馈，印证了社会影响评价不仅仅预测影响，同时还提出如何减缓和补救不利影响的方法。

（三）社会影响评价实施的制约因素

社会影响评价是一项全球性的实践，各国情形千差万别。虽然社会影响评价在理论上较为成熟，但在具体实践过程中难免遇到不同的制约因素。

首先，体制因素是制约社会影响评价的重要因素。如果一个国家更关注于发展，那么通常会认为社会影响评价影响项目建设的实施。这主要是由经济发展目标与社会影响评价目标的冲突造成的，当经济发展成为唯一目标时，矛盾就更加尖锐。

其次，价值观因素的制约作用非常明显。社会影响评价的开展容易受当地传统的社会文化和政治观念干扰。这一方面是因为，社会影响评价的基本原则是受建设项目影响的人群应参与到影响评价中来，该原则与一些发展中国家的文化、宗教、社会和政治体制不相容；另一方面则是因为，当地人群参与决策的过程，会被一些"社会精英"所主导，而这些"精英"可能会从自身利益出发，而不是从社区利益出发来考虑和决定问题。

最后，一些技术和基础因素也制约着社会影响评价的开展。比如，社会范畴过于宽广，社会议题不可能全面融入社会影响评价中；在许多发展中国家，由于缺乏教育，贫困阶层人群对项目建设的理解很肤浅，所以很难参与到影响评价中来；等等。

尽管社会影响评价在实践中还存在一些制约因素，但社会影响评价在评价基本理念、评价思路、程序方法等方面，可以补充完善中国环境影响评价的内容，将其引入环境影响评价中有重要的现实意义。

第七章 矿产资源投资

矿产资源的投资规模受到整个社会生产规模的客观约束,但它对社会经济效益的促进作用却不容忽视。矿产资源作为国民经济增长的重要基石,不仅自身为经济增长作出了显著贡献,还对下游产业如机械制造业、电子通信业等产生了深远影响,对整体工业体系和国民经济发展具有举足轻重的地位。

第一节 矿产资源投资概况

一、矿产资源投资的概念

矿产资源投资有两层含义。从货币形态来看,它是指矿产企业为扩大生产规模追加的投入资金;从物质形态来看,它是指企业新建矿山、流水线和厂房,采购新的机器设备及雇佣更多的工人,或者在现有的生产条件下,改善生产条件,扩大生产规模,提高产量。

二、矿产资源投资的分类

矿产资源投资具有多样性,根据不同的分类标准,可以划分为不同的类型。

根据矿业项目所处的阶段,可以分为勘查阶段项目投资、在建工程项目投资、在产项目投资。其中,勘查阶段项目投资又可以划分为绿地项目投资和棕地项目投资;在建工程项目投资则可以进一步划分为预可研项目投资、可研项目投资和建设期项目投资;在产项目投资也可以细分为早期试产阶段项目投资、中期成熟生产项目投资和晚期近闭坑项目投资。

根据矿业投资的途径,可以分为股权投资、债权投资,以及债权与股权相结合的债转股投资。

根据矿业投资的目标主体性质,可以分为非上市企业投资、上市公司公开市场证券投资(二级市场投资)、上市公司非公开发行证券投资(一级市场投资)。

根据矿业投资的涉及区域,可以分为国内矿业项目投资和海外矿业项目投资。

三、矿产资源投资的特点

1. 基础性和战略性

矿业是工业部门的基础产业,处于工业产业链的上游,一个国家的工业原料和能源,主要来自矿产资源的开发利用。国民经济对矿产资源的依赖程度较高,因此必须提前进行充分的规划与准备,特别是重要的矿产资源,其资源供给对保证国民经济持续发展具有战略意义,必须提前5年、10年甚至更长时间做好准备。因此,矿产投资往往具有全局性和战略性,是国民经济持续发展必须考虑的重要因素。

2. 投资规模大、周期长

矿业投资一般规模比较大,特别是关系国计民生的矿种,一个投资项目金额少的有几千万,多则达几十亿、数百亿。矿产资源从勘查到开发利用,要经过较长的周期。从勘查来说,要寻找某种矿产资源,除了要进行大量的地质调查外,还要进行科学研究,提出找矿方向。进行地质勘查,要动用各种勘查手段,经过综合分析和工程施工,才能发现和控制矿床。经过评价,进入开发阶段,要进行大规模的投资建设。一个矿床从初步勘查到最终开发并提供矿产资源,少则历时2~3年,多则需要5年或者更长时间。因此,矿业投资较其他项目投资周期更长。

3. 投资风险大、收益高

矿业投资的风险很大,其中找矿风险尤为突出。找矿风险是矿业项目中所固有的,勘查程度越低,风险越高,但回报率也可能相应提高。这种风险主要源于对矿产资源存在与否的不确定性,以及矿体规模、品位和可采性的未知性。在找矿过程中,地质勘查是至关重要的环节。由于地质环境的复杂性和矿产资源的隐蔽性,勘查工作往往需要投入大量的人力、物力和财力。然而,即使进行了详尽的勘查,仍然可能面临矿体不存在或矿体规模远小于预期的风险。此外,矿体的品位也是决定矿产价值的关键因素,品位过低可能导致矿产无法经济开采。

除了找矿风险外,矿业投资还面临着一系列其他风险。例如,政策风险可能对矿业投资产生重大影响,包括政策调整、税费变化等。市场风险也不可忽视,矿产品价格波动可能导致投资收益的不确定性。此外,矿山建设和投产过程中也可能遇到进度延误、预算超支等问题,进而影响投资回报。

第二节 矿业投资的风险

矿业在整个国民经济体系中处于极其重要的基础地位,现代社会所需能源资源的94%、工业原料的80%和农业生产资料的70%都来自矿物资源。矿业的这种基础地位决定了矿产资源的稳定供给是社会稳定和发展的最基本条件。在可以预见的未来,矿产品的这种基础地位是难以被取代的,这也决定了现代社会对矿产品存在持续增加的需求,矿业将是投资的一个重要领域。但这种持续的需求并不意味矿业投资没有风险;相反,矿业的特殊性更加大了矿业投资的风险,使得矿业投资的风险更难以把握。

一、矿业投资风险的来源

矿业投资风险主要来源于找矿成果的难预见性、资金的密集性、资源的敏感性(矿业投资收益易受政府政策的影响)、回报的延滞性、矿产品价格的波动性和决定价格机制的投机性。

矿业与制造业的最大区别是矿业在生产过程中创造的利润十分有限,其利润的很大一部分是资源本身和市场变化带来的。矿业对投资者的吸引力正在于资源和市场因素有可能带来超额利润。但是,资源和市场因素的不确定性,也使矿业投资蕴含着巨大的风险。

二、矿业投资风险的类别

矿业利润中的不确定性并不只是由资源和市场自身的特点所导致,更重要的因素是投资人在勘探、开发和销售过程中所采用的技术措施、投资方案、管理方案和营销战略等能否适应资源和市场自身的特点。

矿业投资的风险主要包括资源风险、市场风险、财务风险、产业风险4个方面。

(一)资源风险

资源风险是矿业项目投资中的一种最直接、最基本的风险因素,它主要由矿产储量、矿床水文地质条件和矿体围岩的稳定性来度量。

1. 矿产储量

由于矿产资源深埋于地下,其储量的测量值具有误差风险。当实际储量小于测量储量较多时,会导致矿山设计的生产规模偏大,服务年限和产量减少。所造成的经济风险主要表现在生产成本增大、基建费用偏高、经济效益下降等。按照最新储量分类标准,固定矿产储量分为证实储量和可信储量。

2. 矿床水文地质条件

矿床水文地质条件的优劣直接关系到矿床的开拓、采准和切割等。在复杂的水文地质条件下开采,会增大风险,如采区经常出现涌水、突水等,轻微时仅仅会影响生产效率,严重时则有可能出现安全事故,导致停工和停产,增加生产成本。因此,矿床水文地质条件是矿业项目投资必须考虑的风险。

3. 矿体围岩的稳定性

矿体围岩的稳定性是指矿体周围的岩石在受到各种内外部因素影响时,能够保持其结构完整性和力学稳定性的能力。这种稳定性对于矿山的安全生产和经济效益具有至关重要的作用。矿体围岩的稳定性受到岩石力学性质、地质构造、地下水和采矿活动等多种因素的影响。

(二)市场风险

矿业项目投资风险中,市场风险是最主要的风险,它是由内外部因素共同造成的,包括信息不对称、矿产品价格波动及物价稳定性等关键要素。

1. 信息不对称

信息不对称是矿业市场风险的一个重要来源。在矿业项目中,投资者与项目方、供应商、客户等各方的信息获取可能存在差异,这种差异可能导致投资决策出现偏差。例如,投资者可能无法充分了解项目的地质条件、储量、品位等关键信息,或者对项目所在地的法律法规、政策环境等了解不够,这些都可能增加投资风险。

2. 矿产品价格波动

矿产品价格波动也是市场风险的重要体现。矿业项目的收益往往与矿产品的市场价格密切相关,而矿产品价格受到全球经济形势、供需关系、政策调整等多种因素的影响。如果投资者对矿产品价格的预测出现偏差,或者无法有效应对价格波动带来的风险,那么项目的投资回报可能受到严重影响。

3. 物价稳定性

物价稳定性也是影响矿业项目投资风险的重要因素。物价水平的变化直接影响到矿业项目的运营成本、销售收入及利润空间。如果物价波动较大,项目的盈利能力可能受到挑战,甚至可能导致项目无法维持正常运营。

(三)财务风险

矿业投资的财务风险涉及多个方面,这些风险主要源于矿业项目的特性、市场环境、运营管理和资金运用等因素。

1. 资金筹集与运用风险

矿业项目通常需要大量的初始投资,用于支付勘探费、开采设备购置费、基础设施建设费等。然而,资金筹集可能面临利率波动、信贷政策收紧等风险,导致融资成本上升或无法及时获得所需资金。同时,在资金运用方面,若项目管理不善或资金调配不当,可能导致资金链断裂或项目延期。

2. 成本控制风险

矿业项目的运营成本包括人力成本、原材料成本、设备维护成本等。在运营过程中,若成本控制不当,可能导致项目成本超出预算,进而影响项目的盈利能力。此外,对环境保护相关法规的严格执行也可能增加矿业企业的运营成本。

3. 汇率风险

对于跨国矿业投资,汇率波动可能对项目收益产生重大影响。若项目所在国的货币贬值,可能导致以本币计价的收益减少;反之,若货币升值,可能增加以外币计价的融资成本。

(四)产业风险

矿业企业在投资并购新项目时,由于对新业务不熟悉,对其产业现状及前景把握不准,或者对该行业的国家税收政策和国家产业政策不了解,极有可能使项目并购失败。这种风险常常出现在矿业项目纵向并购和混合并购中。产业风险由产业关联度、产业发展前景和国家产业政策来度量。

1. 产业关联度

产业关联度是指产业与产业之间通过产品供需而形成的互相关联、互为存在前提条件的内在联系。任何一个企业都有自己的产品与市场,由于并购经营协同效应的产生取决于并购双方产业的关联程度,因此当关联程度不高时很难产生经营协同效应,从而会增加国内矿业项目投资的风险。

2. 产业发展前景

项目并购能够延长自身产业链和生命周期,但与并购企业的产业发展前景密切相关。

由于产业发展前景具有不确定性,因而并购具有一定的风险。假如对矿业项目的发展前景判断失误,则会扩大并购风险。

3. 国家产业政策

国家产业政策是政府为了实现一定的经济和社会目标而对产业的形成及发展进行干预的各种政策的总和。国内矿业项目投资会受到国家产业政策的影响,从而产生风险。国家产业政策对被并购矿种开发的态度,影响着国内矿业项目投资的方向。假如国家产业政策扶持被并购矿种的开发,则会降低并购风险;假如国家产业政策限制被并购矿种的开发,则会增加并购风险。

三、海外矿业投资风险

海外矿业投资除了具备国内投资的一般风险外,还存在政治风险、文化风险和法律风险等方面。

1. 政治风险

矿产资源投资东道国的政治环境变化,可能使中国投资项目遭遇很大的威胁,导致投资项目中途流产或者彻底失败,这就是政治风险。中国进行海外矿业投资的部分国家,存在政局动荡,其政治环境恶劣,社会秩序混乱,国内民心不稳,常发生战乱、武装冲突、游行示威、恐怖袭击等事件。在这一环境下,投资企业不仅无法获得预期收益,甚至连资产安全和员工人身安全都无法得到保证。政治风险对于投资企业的打击是非常大的,会造成相当严重的经济损失,其后果也往往不可逆转。对于严重和恶劣的政治风险,必须在进行投资风险评估时进行审慎的权衡。

2. 文化风险

不同国家的意识形态、价值观念、社会风俗、民族特征、宗教信仰、语言习惯等文化因素迥然不同,这无疑给中国在这些国家的矿业投资带来很大的风险。文化环境是国际投资环境的"软"环境,它并不会如政治、法律那样以刚性的政策或法规明确显现出来,但它无处不在,并渗透到社会和经济的每一个角落,产生了巨大的影响。过去这方面的案例并不少见,如在中东地区,中国投资的能源开采以及基础设施建设项目多次被宗教极端势力破坏;柬埔寨政府也曾基于民众的环保诉求而暂停中柬合作大坝项目。这些事件都说明文化风险给中国对外矿业投资造成了巨大障碍。

3. 法律风险

海外矿业投资中的法律风险是投资者必须高度重视并妥善处理的重要问题。这些风险主要来源于不同国家的法律体系、司法实践及国际矿业法规的差异和复杂性。

（1）法律环境的不确定性：不同国家的法律体系、法律解释和司法实践可能存在显著差异，这可能导致投资者在理解和遵守当地法律方面面临挑战。同时，法律环境的变化，如政策调整、法律修订等，也可能对矿业投资产生重大影响。

（2）合同风险：海外矿业投资通常涉及复杂的合同安排，包括矿权转让合同、合资协议、劳务合同等。这些合同可能存在条款不清晰、权利义务不明确、违约责任难以追究等问题，从而增加法律风险。

（3）合规风险：矿业投资涉及多个领域的法律法规，如环境保护法、劳动法、反腐败法等。投资者必须确保自己的投资活动符合当地法律的要求，否则可能面临严重的法律后果。

四、矿业投资风险的管控

面对矿业投资的风险，可以从重用地质学家、控制优势资源、巧借他人之力、进行准确的市场预测和科学规范管理等方面进行管控，降低风险给企业带来的损失。

1. 重用地质学家

矿业生产，特别是矿产勘查，绝不是"种瓜得瓜、种豆得豆"那么简单的事情。如何避免"种瓜得豆"这种得不偿失的结果，关键在于负责勘查的地质技术人员。因为不管拥有多么先进的技术和理论，也不管一个地区拥有多么详细的地质资料，找矿勘查永远需要在地质情况不完全明了的条件下作出各种推测，而推测的正确与否将决定项目的成功或失败。这种推测的可靠性在很大程度上取决于推测者所具有的知识、技能和思维能力，因此具有创新能力的高素质地质学家对矿业项目有着至关重要的影响。

2. 控制优势资源

拥有优势矿产资源的采矿权是矿业企业的核心竞争力。矿业企业需要制定科学合理的矿产资源开发规划，推行可持续的矿产资源开发模式；同时，加强矿产资源勘查与评估工作，提高资源评估结果的准确性，为资源开发提供科学依据。

3. 巧借他人之力

矿业企业要建立一个完整的找矿、勘探、采矿、冶炼、加工和销售系统，不仅需要大量的资金，还需要专业的人才队伍。任何一个小企业在创立时都不可能建立起一个完整的系统，要发展就必须通过合作、参股等手段，充分借用其他企业的力量，充分发挥自己的优势，从而实现利益最大化，避免不必要的风险。

4. 进行准确的市场预测

市场预测是企业根据已知的主客观条件对可能发展的趋势和变化作出最大限度的准确估计、判断,主动调整生产、经营、建设等工作,使事物的发展合乎企业预想的结果。从某种意义上讲,企业的命运取决于经营者对市场发展变化的准确把握。成功地进行市场预测,为企业开拓新产品、发展新领域提供准确的市场动向,是一项复杂的系统工程,对企业的营销工作具有重要意义和实用价值。

5. 科学规范管理

建立严格的规章制度,实行系统的科学管理,提高科学管理水平,是现代企业发展的需要,也是矿业公司有效降低经营管理风险的根本途径。

第三节 矿业投资的方式

矿业投资具有金额大、周期相对长、预期风险与收益高、专业性强等特性。准确把握矿业投资的特点、投资方式、操作流程及法律风险,是矿业投资取得成功的重要前提和基础。

一、国内矿业投资方式

为了维护矿产资源国家所有者权益,中国实行矿产资源有偿使用制度。矿产资源有偿使用制度是以矿产资源探矿权、采矿权有偿取得为核心的一种制度。进行矿业投资前必须取得矿业权,矿业权包括探矿权和采矿权。探矿权是指在依法取得的勘查许可证规定的范围内,勘查矿产资源的权利。采矿权是指在依法取得的采矿许可证规定的范围内,开采矿产资源和获得所开采的矿产品的权利。探矿权经勘查具有开采价值后办理采矿权,获得采矿权后经过开采、销售才会产生效益。

(一)探矿权的取得方式

(1)直接向矿产资源主管部门申请取得。此种方式遵循申请在先的原则,先申请先得。

(2)通过招标、拍卖、挂牌方式竞争取得。

(3)通过其他探矿权人转让探矿权而取得。探矿权人在完成规定的最低勘查投入后,经依法批准,可以将探矿权转让他人。

（二）采矿权的取得方式

（1）申请取得采矿权。探矿权人向自然资源管理部门申请其勘查区块范围内的采矿权，符合规定的，应依法予以批准。

（2）以招标、拍卖、挂牌方式取得采矿权。出让采矿权的自然资源主管部门应当提前公告拟出让采矿权的基本情况、竞争规则、受让人的技术能力等条件及其权利义务等事项。

（3）协议出让。符合协议出让条件的采矿权，必须通过集体会审程序。协议出让的采矿权，其价款不得低于类似条件下的市场价。

（4）通过采矿权转让方式取得。采矿权人可以通过出售、作价出资、合作、重组改制等方式将采矿权转移。

二、海外矿产资源项目投资方式

海外矿产资源项目投资是指中国企业在海外通过投资方式从事当地矿产资源项目的开发利用，或者通过购买探矿权、采矿权、产品分成及权益份额收益，或者通过兼并收购方式实现对海外矿产资源的利用。

海外矿产资源项目投资方式主要包括风险勘查方式、股权兼并收购方式、合资开发方式、合作开发方式等。

（一）风险勘查方式

风险勘查方式是指中国矿业公司直接向矿产资源所在国家申请探矿权并进行风险勘查，勘查发现有经济价值的矿产资源项目后，可以申请采矿权进行自主开采，也可以通过矿业权市场将矿产资源项目转让给第三方。风险勘查方式投资相对较小，但风险较高，投资回报也较高。

（二）股权兼并收购方式

股权兼并收购方式简称股权并购，是指通过资本市场或协议方式购买海外矿产资源项目业主公司的股权，实现海外矿产资源的开发利用。股权并购是中国企业进行海外矿产资源项目投资时普遍采用的方式。

（三）合资开发方式

合资开发方式是指中国企业与矿产资源所在国家的企业或相关方通过共同出资，在矿产资源项目所在国家注册成立矿业公司，按照公司制的经营与运作规范，合作开发当地的矿产资源。这种方式比较适合缺乏海外矿产资源项目开发经验的企业。合资开发方式也是中国企业投资海外矿产资源项目的基本方式。

(四)合作开发方式

合作开发方式是指中国企业与矿产资源所在国家的企业或相关方通过签订合作合同,约定双方的合作条件、产品和收益的分配、亏损与风险的分担、经营管理模式等事项,合作开发当地的矿产资源项目,具体包括联营体合作方式、租赁经营方式、工程换资源方式、产能投资方式和战略联盟方式。

(1)联营体合作方式也称为合同制联合经营体方式,是指由两家或两家以上具有法人资格的承包商通过资金或技术等各种形式进行联合,共同参加某项工程的资格预审、投标签约,并共同完成承包合同的一种承包行为。联营体合作方式是中国企业海外矿产资源项目投资方式的一种新的探索。

(2)租赁经营方式是指在不变更海外矿产资源项目资产所有权的前提下,由矿产资源项目所有者与承租者签订租赁经营合同,在一定时期内,对矿产资源项目的开采权、生产运营权和经营管理权等权利实行有偿出租。这种方式较适用于在矿业发展相对落后的国家开展海外矿产资源项目投资。

(3)工程换资源方式是指中国企业与海外矿产资源项目所在国家签订协议,对海外矿产资源项目进行工程总承包并先行垫付建设资金,海外矿产资源项目所在国家将矿业项目产出的矿产资源产品销售给中国企业,以矿产资源产品偿还工程款项。

(4)产能投资方式是指通过与海外矿产资源产品生产商签订产能投资协议,对海外矿产资源产品生产商的生产能力进行投资,换取一定年限的矿产资源产品供应,以保障矿产资源产品长期供货的稳定性。

(5)战略联盟方式是指通过与全球重要的矿产资源产品生产商签订长期供货合同,建立战略联盟关系,以保障矿产资源产品的稳定供给,同时规避短期的市场价格波动风险。

第四节 矿业融资的方式

矿业项目通常需要大量的资金投入,如勘探、开发、采矿设备购置等,都需要融资支持。通过矿业融资,企业可以获得必要的资金,从而确保项目的顺利进行,推动矿业行业的持续发展。矿业融资主要有股权融资和债务融资两种方式。

一、股权融资

股权融资指企业的股东让出部分企业所有权,通过企业增资的方式引进新的股东的融资方式,总股本同时增加。对于通过股权融资获得的资金,企业无须还本付息,但新股东将与老股东同样分享企业的盈利。按融资的渠道来划分,股权融资主要有两大类:私募发售和公开市场发售。

1. 私募发售

私募发售是指向小规模数量(例如 35 个以下)的合格投资人(accredited investor)出售股票,可以免除证券监管机构(如美国证券交易委员会)的注册程序。私募发售对投资人有一定的要求,例如美国证券交易委员会规定,投资人必须有至少 100 万美元的净财产,至少 20 万美元的年收入,或者必须在交易中投入至少 15 万美元,并且这项投资在投资人的财产中所占比率不得超过 20%。

在中国,《私募投资基金监督管理暂行办法》第十二条规定,私募基金的合格投资者是指具备相应风险识别能力和风险承担能力,投资于单只私募基金的金额不低于 100 万元且符合下列相关标准的单位和个人:①净资产不低于 1000 万元的单位;②金融资产不低于 300 万元或者最近三年个人年均收入不低于 50 万元的个人。第十三条规定,下列投资者视为合格投资者:①社会保障基金、企业年金等养老基金,慈善基金等社会公益基金;②依法设立并在基金业协会备案的投资计划;③投资于所管理私募基金的私募基金管理人及其从业人员;④中国证监会规定的其他投资者。

依照合格投资者的身份和目的,私募可分为政府基金(government fund)、行业基金(sector fund)、战略投资(strategic investor)、财务投资(financial investor)4 类,相互可能有交叉。

私募在矿业投资中非常普遍,不胜枚举。初级矿业公司通过向大公司私募发售,不仅可以获得资金,有时也可以得到技术、法务、对外关系等方面的支持,大公司则可以较小的代价在项目初期即锁定部分权益。

政府和行业基金则通过投资引导矿企参与特定方向和类型的矿业投资,例如国家开发银行设立的中非发展基金专注于投资非洲,帮助不少中国矿业和勘查公司进入非洲市场;中国进出口银行设立的中拉合作基金关注拉美,在紫金矿业收购大陆黄金项目上发挥股权投资和投贷联动优势,帮助哥伦比亚武里蒂卡金矿尽快投产。

2. 公开市场发售

与其他行业类似,通过公开市场发售的方式进行融资是多数矿业公司梦寐以求的融资方式。企业上市一方面可以募集到巨额资金,另一方面资本市场将给企业一个市场化的定价,使民营企业的价值为市场所认可,为企业股东带来巨额财富。与私募相比,企业上市可面向普通投资者,募集资金的数量巨大,原股东的股权和控制权稀释得较少,有利于提高企业的知名度,也有利于利用资本市场进行后续的融资。但由于其门槛较高,只有发展到一定阶段、有了较大规模和较多盈利的企业才有可能考虑这种方式。矿业公司投资风险大,开发周期长,创造现金流需要的时间往往很久,导致勘查开发程度较低的项目在很多国家难以上市;而加拿大多伦多证券交易所(Toronto Stock Exchange,TSE)与澳大利亚证券交易所(Australian Stock Exchange,ASX)则实行较为宽松的上市标准,为广大矿业项目及公司提供融资途径,进而成为全球矿业金融市场的重要高地。

公开市场发售分为首次公开募股(initial public offering,IPO)和二次发售(follow-on offering,FO)。IPO是指企业通过证券交易所首次公开向投资者增发股票,以募集用于企业发展资金的过程。FO是指公司主要个人或机构持股人对公众发售其限制性股票,也就是增发。

公司上市也可以采用反向收购(即借壳上市,reverse listing)的方式进行,非上市公司股东通过收购一家壳公司(上市公司)的股份控制该公司,再由该公司反向收购非上市公司的资产和业务,使之成为上市公司的子公司。

股票认购权发行(right issue)是指公司股东购买该公司新股份的优先权利,购买价格通常低于市场价格,股东按所持有股份比例额外增购新股。如果公司股东接受这一认购权发行,那么股东的所有权比例不会因为增股而被稀释。当然,股东可以放弃该权利,不认购新股,不过发行新股通常会稀释原股价。

二、债务融资

债务融资是指通过借债获得一定时期资金的使用权。股权融资所得资金属于资本金,不需要还本付息,股东的收益来自税后盈利的分配,也就是股利;而债务融资形成的是企业的负债,需要还本付息,其支付的利息进入财务费用,可以在税前扣除。提高债务融资比例能够降低企业自由现金流,提高资金使用效率,优化股权结构,也可以激励经营者努力工作。

按融资渠道,债务融资可分为商业银行贷款、民间借贷、发行债券融资和政府借贷融资。

1. 商业银行贷款

商业银行贷款是最常见的债务融资方式,银行出于资金安全考虑,贷款评估严格,往往需要一定的抵押物,因此对初级矿业公司而言比较困难。

2. 民间借贷

民间借贷是最古老的债务融资方式,手续灵活,操作方便,利息由双方协商确定,但风险较大,容易引发纠纷。

3. 发行债券融资

债券融资与股票融资一样,同属于直接融资。在发行债券融资方式中,企业需要直接在市场上融资,其融资的效果与企业的资信程度密切相关。在各类债券中,政府债券的资信度通常最高,也最容易融得资金,大企业、大金融机构也具有较高的资信度,而刚刚创立的中小企业的资信度一般较差。

可转换公司债券是一种被赋予了股票转换权的公司债券,也称为可转换债券。发行公司事先规定债权人可以选择有利时机,按发行时规定的条件把其债券转换成发行公司的等值股票。可转换公司债券是一种混合型的债券形式,当投资者不太清楚发行公司的发展潜力及前景时,可先投资于这种债券。待发行公司经营业绩显著,经营前景乐观,其股票行市看涨时,则可将债券转换为股票,以受益于公司的发展。可转换债券对于投资者来说,是多了一种投资选择机会。因此,即使可转换债券的收益比一般债券收益低些,但在投资机会选择的权衡中,这种债券仍然受到投资者的欢迎。

4. 政府借贷融资

政府借贷融资是指通过进出口银行和行业发展银行的方式提供融资。例如,美国第32任总统富兰克林·罗斯福创立了美国进出口银行(Export-Import Bank of the United States),该银行旨在"资助促进美国与其他国家(或其机构、国民)之间的进出口商品交换",该行的第一笔交易是1935年向古巴提供380万美元贷款,以使后者有能力购买美国银锭。

第八章

矿产资源贸易

随着中国经济社会的快速发展,工业领域对矿产资源的需求量大增,而国内矿产资源储量下降明显,资源自主可持续供应能力大幅下滑,对外依存度不断攀升,开展矿产资源跨国贸易是保障资源供给安全的重要手段。

第一节　矿产资源贸易概况

一、基本概念

矿产品属于大宗商品的范畴。大宗商品(commodities)是指可进入流通领域,但非零售环节,具有商品属性并用于工农业生产与消费的大批量买卖的物质商品。在金融投资市场,大宗商品指同质化、可交易、被广泛作为工业基础原材料的商品,如原油、有色金属、钢铁、农产品、铁矿石、煤炭等,包括3个类别,即能源商品、基础原材料和农副产品,其中主要是矿产品。

本节矿产资源贸易是指以商品买卖为目的、以商业方式开展的跨国矿产品交易活动。国际贸易中的矿产品主要包括铁矿石、有色金属矿石、稀有金属矿石和非金属矿产品四大类。

二、矿产资源贸易风险

矿产资源贸易属商品交换范围,与其他商品贸易在性质上并无不同,但由于交易的对象是不同种类的矿产资源,所以其贸易环节也存在诸多风险,主要有货物跌价风险、客户拒收风险和货物结算风险。

（一）货物跌价风险

在自营贸易业务中，贸易商在持有货权期间，承担价格波动风险，一旦价格跌破采购价，贸易商或将承担跌价损失，其中库存积压严重及未提前采取价格锁定措施的贸易商损失较大。

（二）客户拒收风险

贸易商在与下游客户签订一口价的锁价销售合同后，一旦在销售期间货物价格出现大幅下跌，下游客户可能弃货、拒收，此种情况下，贸易商可采取低价处理的方式以避免货物进一步跌价的风险。

（三）货物结算风险

货物结算风险主要涵盖应收款项损失、预付款项损失以及费用损失等方面。

1. 应收、预付账款损失

贸易商在采购环节须向供应商预付货款，由供应商收款发货。若供应商未按照合同约定发货，或存在恶意欺骗的情况，则贸易商公司预付账款面临一定的减值损失风险。在销售环节中，由于存在提前释放货权的情况，若后续货款无法收回或收回难度较大，则贸易商应收账款损失风险较大。

2. 费用损失

在贸易商拥有货权期间，贸易过程中的物流配送、仓储管理以及装船卸载等环节涉及的费用，一般由贸易商先行垫付，在与下游客户结算时，向客户收回。此外，在代理模式中，贸易商为客户采购时会产生资金占用费，在结算时由客户支付。在交易过程中，若出现问题导致交易不顺畅，贸易商或将自行承担相关费用，面临一定费用损失风险。

三、中国矿产资源贸易现状[①]

近年来，中国矿产资源的贸易格局日益凸显出其独特性，主要表现为矿产资源消费量高企、贸易规模庞大以及对外依存度居高不下等显著特征。

1. 矿产资源消费量高企

随着工业化、城镇化进程的加速推进，中国对矿产资源的需求量不断增长。对钢铁、

[①] 此部分数据来源于中国地质调查局全球矿产资源战略研究中心《全球矿产资源形势报告2024》。

煤炭、稀土等各类矿产资源，中国都展现出了巨大的消费潜力。这种高消费量的背后，是中国经济持续健康发展的有力支撑，也是国家综合实力的体现。

2023年，中国37种矿产资源消费量位居全球第一。

占全球消费量比例超过50%的矿产有23种：锂、稀土、钨、镓、锗、石墨、锆、镍、铌、锰、锑、钒、铝、钴、铬、铜、钼、萤石、煤炭、水泥用灰岩（水泥）、锡、铟和铁矿石。

占全球消费量比例在30%~50%之间的矿产有10种：锌、铅、菱镁矿、钛、钽、磷、镁、铋、铂族和硫。

占全球消费量比例在20%~30%之间的矿产有4种：钾盐、银、铍和金。

占全球消费量比例在20%以下的矿产有7种：锶、硼、石油、高岭土、重晶石、铼和天然气。

2. 矿产资源贸易规模庞大

作为世界上最大的矿产资源消费国，中国积极参与全球矿产资源市场的竞争与合作。从进口方面来看，中国每年从世界各地进口大量的矿产资源，以满足国内生产和消费的需求。同时，中国也积极出口部分优势矿产资源，推动国际贸易的平衡发展。这种大规模的贸易活动不仅促进了中国经济的繁荣，也为全球矿产资源市场带来了活力和机遇。

2023年，中国矿产品进口总额为7749亿美元，同比下降0.2%。非金属矿产品进口额增幅最大，达到29.6%。

中国能源进口额占全球的15.9%，金属矿产品占比65.7%，非金属矿产品占比30.0%。与2022年相比，各矿类进口额全球占比均有小幅增加。

在24种主要矿产品（类）中，中国有11种（铬矿、镍矿、铝土矿、锡矿、贵金属矿、铁矿石、锰矿、钴矿、铌钽锆钒矿、铜矿和钛矿）进口量超过全球的50%。

8种矿产品（类）（钨矿、铅矿、锌矿、煤炭、硫磺、其他非金属矿、原油和氯化钾）进口量占全球的20%~50%。

5种矿产品（钼矿、石墨、氧化铝、天然气和铀矿砂）进口量占全球比例小于20%。

中国能源进口总额约为5157亿美元，同比下降3.7%。中东是中国矿产资源的主要进口来源地，总进口金额为1894亿美元；欧洲位居其次，进口额达980亿美元；亚洲891亿美元；非洲358亿美元；中南美洲326亿美元；北美洲296亿美元；大洋洲252亿美元；中亚159亿美元。

3. 矿产资源对外依存度居高不下

由于国内矿产资源储量和开采能力的限制，中国在某些紧缺的战略性矿产资源的供应上仍然高度依赖国际市场。

中国紧缺的战略性矿产资源中，除天然气、钼和钾盐外，对外依存度均超过65%。其中，铬、铌、锆、铂族等对外依存度超过98%；钴、铀、镍、铁矿石、锰矿石等对外依存度超过

80%；锂、石油、铜、铝等对外依存度在70%以上。

2023年，中国净进口额比较大的矿产资源主要有原油(3367亿美元)、铁矿石(1313亿美元)、铜(1151亿美元)、金(784亿美元)和天然气(613亿美元)等。

对外依存度超过70%的矿产有11种：铌、锰、镍、钽、锆、铂族、铬、钴、铁矿石、铜和石油。

对外依存度为50%～70%的矿产有6种：锂、金、硼、铝、银和锡。

对外依存度为30%～50%的矿产有3种：钾盐、天然气和锌。

对外依存度低于30%的矿产有10种：锑、钛、稀土、铍、锶、铼、铅、钼、萤石和煤炭。

第二节 矿产资源贸易方式

一、现货交易

矿产资源现货交易是指在特定时间、地点，以实物形式进行的矿产资源的买卖活动。这种交易方式在矿产行业中占据重要地位，因为它允许买家和卖家直接进行交易，减少了中间环节，提高了交易效率。

在矿产资源现货交易中，涉及的矿产资源种类繁多，包括金属矿产、非金属矿产、能源矿产等。这些矿产资源的交易价格和数量受多种因素影响，如市场供需关系、矿产资源的品质、开采成本、政策法规等。现货交易具有清晰简单的交易流程，可迅速反映市场需求，交易风险相对较小，因此适合广泛的投资者参与。

二、期货交易

矿产资源期货交易是一种特殊的金融衍生品交易方式，旨在通过合约形式进行矿产资源的买卖。这种交易方式允许投资者在未来某个特定时间以预定价格买入或卖出矿产资源，从而实现对价格波动的风险管理和投机获利。

矿产资源期货交易具有多种特点和优势。首先，它提供了高度的杠杆效应，使投资者能够用较少的资金控制更大的交易量，进而放大收益。然而，这也相应增加了投资风险，因为价格的小幅波动可能导致较大的损失。其次，矿产资源期货市场具有较高的流动性和定价透明度，使得投资者可以随时买卖合约，并根据市场行情判断价格走势和供需情况。此外，矿产资源期货交易还具有双向交易和T+0交易的特点，使得投资者可以在市场波动中灵活应对，实现盈利。

三、期现结合

矿产资源贸易中的期现结合是一种重要的交易策略,它结合了期货市场和现货市场的特点,旨在实现风险管理和盈利最大化。

在矿产品贸易中,期货市场为企业提供了一个发现价格、规避风险的平台。企业可以通过期货交易,利用期货工具来稳定经营,避免价格波动的风险。同时,现货市场则是实际交易发生的场所,企业需要根据市场需求和供应情况,进行实际的买卖操作。

期现结合的策略是将期货市场和现货市场进行有机结合。企业可以在期货市场上进行套期保值操作,以锁定未来的价格,同时在现货市场上进行实际的买卖。通过这种方式,企业可以规避价格波动的风险,稳定经营,同时也有机会获取更多的盈利机会。

企业可以根据自身的经营情况和市场走势,制定合适的期现结合策略。例如,当预期矿产品价格将上涨时,企业可以在期货市场上买入期货合约,锁定未来的价格,同时在现货市场上积极采购,以备未来销售。当价格实际上涨时,企业可以通过在期货市场上卖出合约,同时在现货市场上销售产品,实现盈利。

期现结合策略也存在一定的风险和挑战。企业需要具备丰富的市场经验和专业知识,能够准确判断市场走势和价格变化。同时,企业还需要建立完善的风险管理制度,确保在操作过程中能够及时发现和控制风险。

第三节 矿产资源的数字贸易

传统矿业以矿产品交易为主,而将数字技术与矿业相结合的新型矿业不但发展了传统的矿产品交易,还开拓了矿产数字确权、矿业公司股权等新型交易。运用区块链和物联网技术,可提升交易的安全性,降低物流成本,提高矿业开放水平。

一、内涵及特征

(一)基本内涵

目前全球对于数字贸易尚无统一定义,其内涵和外延仍在变化之中。

2020年3月,经济合作与发展组织、世界贸易组织、国际货币基金组织联合发布《数字贸易测度手册》,将数字贸易定义为"所有通过数字订购和(或)数字交付的贸易"。按照交易方式划分,数字贸易包括两个部分:①数字订购贸易,强调通过专门用于接收或下达订单的方法在计算机网络上进行的交易;②数字交付贸易,强调通过信息与通信技术

(information and communications technology,ICT)网络以电子可下载格式远程交付的所有跨境交易。

2014年,美国国际贸易委员会(United States International Trade Commission,USITC)在《美国与全球经济中的数字贸易Ⅱ》中将"数字贸易"解释为互联网和互联网技术在订购、生产以及递送产品和服务中发挥关键作用的国内商务和国际贸易活动。数字贸易的标的具体包括:使用数字技术订购的产品与服务,如电子商务平台上购买的实体货物;利用数字技术生产的产品与服务,如存储软件、音乐、电影的DVD等;基于数字技术递送的产品与服务。

中国信息通信研究院发布的《数字贸易发展白皮书(2020年)》认为,数字贸易是指信息通信技术发挥重要作用的贸易形式,它不仅包括基于信息通信技术开展的线上宣传、交易、结算等促成的实物商品贸易,还包括通过信息通信网络(语音和数据网络等)传输的数字服务贸易,如数据、数字产品、数字化服务等贸易。

中国商务部服务贸易和商贸服务业司在《中国数字贸易发展报告(2021)》中指出,数字贸易是以数据资源作为关键生产要素、以现代信息网络作为重要载体、以信息通信技术的有效使用促进效率提升和结构优化的一系列对外贸易活动。

借鉴上述概念表述,数字贸易是指数字技术发挥重要作用的贸易形式,它与传统贸易最大的区别在于贸易方式数字化和贸易对象数字化。其中,贸易方式数字化是指数字技术与国际贸易开展过程深度融合,带来贸易中的数字对接、数字订购、数字交付、数字结算等变化;贸易对象数字化是指以数据形式存在的要素、产品和服务成为重要的贸易标的,导致国际分工从物理世界延伸至数字世界。

矿产资源的数字贸易是以现代信息和通信技术为载体,将矿产品贸易全过程通过数字化的形式实现,同时又深度融合传统贸易中洽商、开采、制造、运输、金融以及政府监管和服务等各个环节,以数字化手段帮助企业开拓市场、降本增效,是传统矿产品贸易在数字经济新时代的重塑和升华。

(二) 主要特征

1. 以安全有序跨境数据流动为驱动

麦肯锡咨询公司发布的《数据全球化:新时代的全球性流动》报告指出,自金融危机以来,传统的商品、服务贸易和资本流动增长已经趋于平缓,然而跨境数据流动量却在飞速增长,支撑和促进了几乎所有其他类型的跨境流动,它对全球经济增长的贡献开始超过传统货物贸易。跨境数据流动,一是为不同国家间经济主体信息传递提供支持,使得价值链更高效地配置、协同,推动货物流、服务流、资金流等向更低成本、更高效率、更贴近用户的方向发展;二是促进了数字服务贸易的发展,使得搜索引擎、社交媒体、云计算等基于数据流动的新模式、新业态成为国际贸易的一部分。

2. 以平台和平台服务体系为支撑

联合国《数字经济报告(2019)》指出,过去10年,全球范围内出现了大量基于数据驱动模式的数字平台,它们是数字经济发展的重要推动力。平台服务范围并不局限于平台企业所在国,事实上几乎所有超大型平台企业都在开展跨国业务,例如微软、苹果、亚马逊、谷歌、脸书、腾讯和阿里巴巴。平台通过将业务拓展至尽可能多的国家,以获取更多的数据资源和用户流量,从而进一步激发平台在资源整合和生态构建方面的作用。

平台企业跨境业务与数字贸易联系紧密,首先,跨境平台服务本身属于数字服务贸易,平台企业是出口方,境外平台用户是进口方;其次,交易平台为不同经济主体间开展贸易创造了有利环境,进出口双方可以通过平台更好地开展贸易;最后,创新平台推动了全球数字服务分工,各国软件、技术等服务提供商深度融入平台构建的国际分工环境,相互配合、互补余缺。

3. 以跨界融合的全球性数字化生态为发展方向

伴随着IT、金融、咨询、物流等生产性服务业线上服务能力的提升,以及制造业、农业数字化转型所导致的更细化分工和服务外包需求,跨界融合的数字化生态加速形成,并从国内市场向国际市场延伸。一是"研发+生产+供应链"的数字化产业链加速构建,产业链上下游企业数据通道逐步打通,数据供应链引领物资链,促进产业链高效协同,实现全渠道、全链路供需调配和精准对接。二是"生产服务+商业模式+金融服务"的数字化产业生态逐步形成,产业与生产性服务业跨界融合、相互配合。

二、数字贸易平台

随着数字贸易平台的不断涌现,传统贸易产业链正在被重塑,它不仅为农业、钢铁、化塑、批发等传统产业注入了新的活力,同时也为跨境贸易等领域开辟了更加广阔的数字贸易市场空间。

矿产品数字贸易平台是指利用数字化技术,特别是互联网、大数据、人工智能等技术手段,搭建起的专门用于矿产品交易和流通的在线平台。

在矿产品数字贸易平台上,矿山企业、冶炼厂、贸易商等各方参与者可以发布和获取矿产品的供应及需求信息,通过在线交易系统完成询价、报价、签约、支付等交易流程。平台还可以提供实时的市场价格监测、数据分析、风险评估等服务,帮助参与者作出更明智的决策。

(一)数字平台优势

与传统的线下交易方式相比,矿产品数字贸易平台具有以下优势。

(1) 提升交易效率：数字贸易平台可以实时更新和展示矿产品的交易信息，减少信息不对称现象，使买卖双方能够更快地找到合适的交易伙伴，完成交易。

(2) 降低成本和风险：通过在线交易，可以避免繁琐的线下操作流程，降低交易成本。同时，平台提供的数据分析和风险评估功能有助于降低交易风险。

(3) 优化资源配置：数字贸易平台可以聚集大量的矿产品交易信息，通过大数据分析和挖掘，实现资源的优化配置和高效利用。

(4) 促进行业发展：数字贸易平台不仅为矿产品交易提供了便利，还可以推动整个行业的数字化转型和升级，提升行业的竞争力和可持续发展能力。

（二）重构贸易产业链

在传统矿产品贸易产业链中，生产端与交易端存在诸多重要问题，严重制约了产业链的运转效率。在资源生产端，随着经济社会转型的不断深化，如何根据市场需求变化灵活调整开采方案、如何有效缓解生产成本压力等挑战日益凸显；而在交易端，供需信息匹配难度大、交易环节的运输、保险、价格确认等瓶颈问题难以得到系统化解决，制约了产业链的顺畅运作。

数字贸易平台作为现代科技与产业链深度融合的产物，通过精准突破传统贸易产业链的关键痛点，重构供需匹配与产业主体协同模式，为传统的矿产品贸易开辟了更加广阔的数字贸易市场空间。

在生产端，数字贸易平台的价值体现在以下几个方面：首先，依托终端需求大数据的指引，矿产品生产端得以优化技术方案与产量规划，实现精准生产；其次，通过前中后台的数字化集成，推动传统矿山的智能化改造，提升生产端的智能化水平；最后，加强对产品价格信息的实时监测，增强生产端对市场变化的快速响应能力。

在交易端，数字贸易平台是一个买卖双方直接沟通与交易的平台，它的投入使用可有效消除供需双方的信息不对称现象，提升供需匹配效率。同时，借助产业链全链条数据的打通与交易数据的应用，数字贸易平台加大交易环节的数字化、智能化建设力度，解决信任、品控、价格评估等交易瓶颈问题，实现交易环节的降本增效。

总之，数字贸易平台以其独特的优势和创新性，为传统矿产品贸易产业链带来了深刻的变革，推动了产业链的转型升级和高质量发展。

三、技术支撑

数字贸易的技术支撑涵盖了云计算、物联网、大数据和人工智能、区块链等多个方面。这些技术的不断发展和应用，将进一步推动数字贸易的创新和发展，为全球经济的繁荣作出重要贡献。

(一) 云计算

云计算是一种基于互联网的新型计算模式，通过网络提供按需、可靠、灵活、安全的计算资源和服务。云计算技术在矿产资源贸易中的应用体现在以下几个方面。

首先，矿产资源贸易涉及大量的数据交换和处理，包括矿产资源的产量、品位、价格、运输等各个方面。云计算可以提供强大的数据处理和存储能力，帮助企业及机构更高效地处理和分析这些数据，从而作出更准确的决策。

其次，云计算可以通过对历史数据和实时数据的分析，为矿产资源贸易提供更精准的资源需求预测，实现资源的优化配置。

再次，云计算可以增强市场分析预测能力。通过整合多源异构数据资源，构建矿业数据词典和数据仓库，云计算可以实现基于大数据的矿山灾害预警、市场分析预测等功能。

最后，云计算还可以提供更安全的数据存储和传输服务。在矿产资源贸易中，数据安全是至关重要的。云计算可以通过数据加密、访问控制等手段，保障数据的安全性和隐私性，防止数据泄露和非法访问。

(二) 物联网

物联网（internet of things, IoT）是指通过信息传感设备，如射频识别、红外感应器、全球定位系统、激光扫描器等，按照约定的协议，将任何物品与网络相连接，进行信息交换和通信，以实现智能化识别、定位、跟踪、监管等功能的一种网络。

物联网技术的应用，不仅可以提高矿产资源的开采效率，还能加强矿产资源贸易的智能化和便捷性。

首先，在矿产资源开采方面，物联网技术通过实时监测矿区的环境参数，如温湿度、气体浓度和粉尘含量等，为矿井安全生产提供了有力保障。此外，通过在设备上安装的传感器，物联网技术能够实时监测设备的运行状态和能耗数据，为设备维护、故障预测提供数据支持。这种实时监测和数据分析不仅有助于减少事故风险，还能提高生产效率，降低运营成本。

其次，物联网技术在矿产资源贸易中也发挥着重要作用。物联网智能终端设备，如智能码垛机器人和无人搬运小车等，结合操作软件，可以提高智能物流中心的智能化程度。这些技术不仅优化了货物的存储和运输过程，还提高了贸易的效率和准确性。同时，物联网技术还应用于智能支付、智能保险等领域，使得矿产资源的贸易过程更加便捷和安全。

最后，物联网技术还可以实现客户体验与个性化推荐。通过收集和分析用户在电子商务平台上的行为数据，物联网技术可以帮助企业了解消费者的需求和偏好，从而提供个性化的商品推荐和服务。这种个性化推荐不仅提升了消费者的购物体验，也促进了矿产资源贸易的发展。

物联网技术在矿产资源领域的应用涵盖了开采、贸易和客户服务等多个方面。它通过实时监测、数据分析和智能化设备等手段,提高了矿产资源的开采效率和贸易便利性,推动了矿产资源行业的可持续发展。

(三)大数据和人工智能

大数据和人工智能,作为现代科技领域的两大支柱,发挥着不可或缺的作用。大数据指的是那些在传统时间范畴内难以被常规软件工具有效捕获、管理及处理的数据集合。而人工智能,则是一门融合了数学、计算机科学、心理学等多学科知识的技术科学,旨在通过模拟人类的思维与行为过程,实现人机交互,并不断提升计算机的智能水平,以更好地服务于人类社会。

大数据和人工智能之间存在着紧密的联系与互补关系。大数据为人工智能提供了丰富的数据资源,使得机器学习、深度学习等算法能够得以深入应用。而人工智能则以其高效的数据处理与分析能力,为大数据的价值挖掘提供了有力的支撑,使我们能够从海量的数据中提取出具有实际应用价值的信息与规律。

在矿产资源贸易领域,大数据的应用主要体现在数据的收集、处理与分析等方面。通过对海量的地质勘探数据、矿产开采数据以及市场行情数据等进行深入分析与挖掘,企业能够更精确地评估矿产资源的储量、品质及分布情况,从而制订出更为科学合理的开采与贸易策略。同时,大数据还有助于企业预测市场趋势,优化资源配置,降低贸易风险。

人工智能在矿产资源贸易中的应用则主要体现在智能化决策与预测、自动化开采与智能化管理等方面。通过利用机器学习算法对历史贸易数据进行训练,人工智能可以构建出预测未来市场走势的模型,为企业的贸易活动提供有力支持。此外,人工智能还可以应用于矿产资源的自动化开采与智能化管理,通过引入智能机器人、自动化设备等先进技术手段,实现对矿产资源的精准开采与高效利用,从而提高生产效率与资源利用率。

在矿产资源贸易的供应链管理中,大数据与人工智能的结合应用能够实现供应链的智能化管理。通过对供应链数据的实时监控与分析,企业能够及时发现潜在的风险与问题,并采取相应的措施加以解决。同时,智能化供应链还有助于提高物流效率、降低成本,为企业创造更多的价值。

(四)区块链

区块链是一种分布式数据库技术,它使用块链式的数据结构来存储和验证数字信息。每个数据块包含了一定的信息,并按照一定的规则链接到前一个数据块上,形成一条不断增长的链。

区块链技术的核心特点在于其去中心化和不可篡改的性质。当前,区块链技术在矿产资源贸易中的应用正逐渐扩大,为该领域带来了显著的创新与变革。

首先,区块链技术有效提升了矿权交易的公开性与透明度,进而提高了交易效率并降低了交易成本。利用区块链技术进行矿权的确认与追踪,能够有效遏制非法开采与盗采行为,从而维护矿业产权的合法权益。此举有助于构建一个更加公正、透明的矿产资源贸易环境,减少违规行为与欺诈事件的发生。

　　其次,区块链技术在矿山生产过程的跟踪与溯源方面也展现出强大的潜力。通过实时记录与存储采矿设备的运行状态、矿石的开采及运输过程等信息,区块链技术能够确保整个生产过程的透明度与真实性。这不仅有助于提高生产效率与产品质量,同时也为监管部门提供了更有效的监督与管理手段。

　　最后,基于区块链的矿产资源管理平台在矿产资源的探查、开发、确权、交易以及生态恢复等各个环节中,均能够提供数据准确性的实时验证、防篡改、完整性保护以及统一的协作平台。这确保了资源数据的真实性,提升了矿产资源的流通效率,为矿产资源贸易的可持续发展提供了有力的支持。

第九章 矿产资源定价机制

定价机制是国际矿产资源贸易中的核心,本章主要对原油、天然气、煤炭、铁矿石和有色金属的定价机制演变、影响因素和发展趋势进行论述。

第一节 原油定价机制

一、原油定价机制的演变

(一) 全球原油贸易定价的演变

世界石油工业诞生距今已经有150多年的历史,然而真正意义上自由交易的国际石油市场是在20世纪70年代后期才逐步萌芽。

国际原油市场及其价格体系的演变经历了跨国石油公司的殖民定价体系、石油输出国组织(Organization of the Petroleum Exporting Countries,OPEC)官方定价体系、以市场供需为基础的多元定价体系、期货市场主导的定价体系4个阶段。

1. 跨国石油公司的殖民定价体系

20世纪60年代以前,美国和西方跨国石油公司控制着石油价格。西方"七姊妹"跨国石油公司凭借带有殖民主义色彩的"租让协议"控制了中东地区的绝大部分石油资源。为了防止寡头之间的恶性价格竞争,它们划分了各协议签订方的市场份额,并规定了石油的定价方式,即无论原油的原产地是何地,其价格均为墨西哥湾的离岸价格加上从墨西哥湾到目的地的运费。

2. 石油输出国组织官方定价体系

1973年第四次中东战争爆发,引发了第一次石油危机。石油输出国组织将原油价格从每桶3美元左右上调到每桶10美元以上,触发了第二次世界大战后全球最严重的经济危机,美国、欧洲和日本的经济均遭受重创。跨国石油公司被迫取消了它们在石油输出国组织的原油标价。石油价格变成OPEC的官方销售价格,即官方定价(official selling price)。

3. 以市场供需为基础的多元定价体系

20世纪80年代,经历了两次石油危机的严重威胁之后,美国、日本等石油进口国开始采取一切可能的措施减少对石油的依赖。同时,高油价刺激了非OPEC国家开发石油的积极性。1979年到1985年间,非OPEC国家的石油产量逐渐超过了OPEC国家,沙特被迫放弃了"限产保价"政策,并采取了净回值法(netback pricing)以提高市场份额。OPEC其他成员国纷纷效仿,导致1986年的油价暴跌到每桶10美元以下。石油供应过剩、油价暴跌的"反向石油危机"标志着OPEC单方面决定石油价格长达10多年的历史已经结束,世界石油市场进入了以市场供需为基础的多元定价阶段。

由于世界石油市场供过于求,OPEC国家主要采用长期合同价格与现货市场价格挂钩的方式进行定价。一般有两种挂钩方式:一种是指按周、月或季度通过谈判商定价格的形式;另一种是按周或月计算现货价格平均数来确定合同油价。

4. 期货市场主导的石油定价体系

20世纪70年代后期,位于英国伦敦的国际石油交易所正式推出了布伦特(Brent)远期合约,标志着石油衍生品市场的创新。随后,在1982年,美国纽约商业交易所推出了西得克萨斯中间基原油(West Texas Intermediate,WTI)期货合约,此举进一步丰富了全球石油衍生品市场的交易品种。1988年,国际石油交易所推出了以布伦特远期合约为清算基础的布伦特期货合约,此举不仅巩固了布伦特原油在全球石油市场中的重要地位,也进一步推动了石油衍生品市场的健康发展。

(二)全球原油交易市场

在现货和期货市场主导的定价体系之下,以全球五大现货市场和三大期货市场为主的国际原油市场格局决定了全球原油定价机制。

全球主要的原油现货市场有5个:西北欧市场、地中海市场、加勒比海市场、新加坡市场、美国市场。

(1)西北欧市场:分布在阿姆斯特丹—鹿特丹—安特卫普(Amsterdam-Rotterdam-Antwerp,ARA),鹿特丹是西北欧市场的核心。西北欧市场需求方主要是德国、英国、荷兰、法国,原油主要来自独联体国家,其次是北海油田原油和ARA地区独立炼油厂的油品。

（2）地中海市场：分布在意大利的地中海沿岸，油品供应来自沿海岸岛屿的独立炼油厂，另外有部分来自经由黑海的独联体国家的原油。

（3）加勒比海市场：该市场对美国和欧洲的供需平衡起着重要的调节作用。该市场的原油及油品主要流入美国市场。

（4）新加坡市场：该市场已成为南亚和东南亚的石油交易中心。新加坡市场地处波斯湾至日本航线的中间，原油主要来自中东和当地的炼油厂。

（5）美国市场：分布在墨西哥湾的休斯敦、大西洋的波特兰港和纽约港。美国是世界石油消费和进口大国。

最主要的三大原油期货市场是纽约商业交易所、国际石油交易所以及东京商品交易所。其中纽约商业交易所能源期货与期权交易量约占三大交易市场总量的60%左右。国际石油交易所的北海布伦特原油是全球最重要的定价基准之一，全球原油贸易的50%左右都参照布伦特原油定价。国际原油市场定价都以世界各主要产油区的标准油为基准。

（三）国际原油市场采用公式定价

公式定价法是以基准的期货价格为定价中心，不同地区、不同品级的原油价格为基准价格加上一定的升贴水，作为原油现货交易市场的结算价格，公式如下

$$P = A + D \tag{9-1}$$

式中：P 为原油交易现货市场的结算价格；A 为基准价格；D 为升贴水。目前西得克萨斯轻质原油价格和北海布伦特原油价格是主要的两大国际基准原油价格（表9-1）。

公式定价法是将基准价格和具体交割的原油价格连接起来的机制，其中升贴水是在合约签订时订立的，并且通常由出口国或资讯公司设定。

表9-1 两大国际基准原油价格比较

名称	交易品种	推出机构	适用范围	共同点
西得克萨斯轻质原油	Mars、Bakken	纽约商业交易所	加拿大、墨西哥、南美	①交易油种产量稳定、供应充裕；②交易市场透明，交易规则完善，价格自由波动；③三大基准油期货市场都有成熟的资本市场和金融体系的保障与支持
北海布伦特原油	Brent Orties、Ekofisk、Oseberg	国际石油交易所	欧洲、地中海、非洲、澳大利亚和亚洲等国家	

西得克萨斯轻质原油期货是纽约商业交易所推出的原油期货合约，交易标的为美国西得克萨斯低硫轻质原油，"轻质"是指黏稠度和硫含量低，适合提炼成汽油和柴油。西得克萨斯轻质原油期货采取"实物交割"形式，需在合约到期时买进或是卖出原油现货，交割地位于美国俄克拉何马州库欣（Cushing）地区，合约规格为1000桶，以美元计价交易。

北海布伦特原油期货合约最初于1988年6月在国际石油交易所推出,是一种基于实物的期货交易(exchange of futures for physical,EFP),可选择根据ICE Brent指数[①]进行现金结算的高度标准化的合约。世界原油65%以上的交易量是以轻质低硫的北海布伦特原油为基准油作价。布伦特原油期货合约被认为是"高度灵活的规避风险及进行交易的工具"。

西得克萨斯轻质原油油价主要用于美国进口石油定价和北美地区生产原油定价的主要基准,与美国财政货币政策和经济环境状况相关度高;布伦特原油与欧洲经济政策和中东国际环境更加紧密,主要与原油本身供需相关。由于两者的商品属性不同,加之局部地区宏观经济变化或突发性不可抗力因素等,其价差呈现阶段性的特点。

二、原油定价机制的影响因素

原油定价机制的发展趋势受到多种因素的制约和影响,包括全球经济状况与供需平衡、政治因素与市场稳定性、市场多元化与定价基准的变化、技术发展与新能源的竞争等。

(一)全球经济状况与供需平衡

全球经济状况是影响原油定价的重要因素。经济增长通常会带动原油需求量的增加,进而推高油价;经济放缓或衰退则可能导致需求量减少,对油价构成下行压力。因此,原油定价机制需要更加灵活地适应全球经济状况的变化,以反映真实的供需关系。

随着20世纪90年代全球经济增长方式的改变,能源消耗强度的下降,有效缓解了原油需求的紧迫性。同时,由于高新技术在原油生产领域中的应用,全球探明原油储量持续增长,使得全球原油市场供求关系基本平衡。原有的卡特尔式原油定价机制,正逐步被一种更为灵活且能够实时反映市场动态的定价机制所取代。

(二)政治因素与市场稳定性

政治因素,如地缘政治紧张局势、冲突和制裁等,都可能对原油市场产生重大影响。这些事件可能导致供应中断或需求减少,从而影响油价。鉴于全球石油资源分布的非均衡性,石油问题已成为世界地缘政治矛盾的核心所在。在世界政治与军事冲突的背后,各国对石油资源的激烈争夺始终如影随形。

20世纪80年代,美国与前苏联在中东地区的竞争,不仅加剧了石油输出国组织内部的纷争,而且成员国间在产量与油价问题上的分歧,间接导致了OPEC定价权的式微。进入90年代,随着苏联的解体和美国霸权地位的削弱,冷战时期有序的国际关系格局被打破,逐渐形成了多极化的世界政治格局。在此新的背景下,任何单一国家或组织已无法独揽国际石油定价权,这促使石油定价机制朝着更加开放、多元化的方向发展。

---

① 2001年,总部位于伦敦的国际石油交易所被美国洲际交易所(Intercontinental Exchange,ICE))收购。

(三) 市场多元化与定价基准的变化

随着原油市场的日益多元化,不同地区的原油品质和价格差异逐渐显现。这使得单一的定价基准难以满足市场的实际需求。因此,原油定价机制需要更加关注地区差异,采用更加灵活和多样化的定价方式。此外,新的定价基准和交易平台的出现,也可能对原油定价机制产生深远影响。

(四) 技术发展与新能源的竞争

随着新能源技术的发展,原油在能源消费中的占比可能会逐渐下降。这将对原油定价机制产生一定影响,因为需求的变化将直接影响油价的走势。因此,原油定价机制需要更加关注技术进步和替代能源的竞争情况,以应对未来市场变化。

三、中国原油定价机制

(一) 制约因素

中国的原油定价机制是一个复杂而精细的系统,它涉及国际市场价格、国内供需状况、政策调控等多种因素。

首先,中国的原油定价主要受到国际市场价格的影响。由于中国是全球最大的原油进口国,国际原油市场的价格波动对中国原油价格具有显著的传导效应。因此,国际原油价格的变动往往会直接影响到中国原油的进口成本和国内原油价格的走势。

其次,国内供需状况也是影响原油定价的重要因素。当国内原油供应充足时,价格往往相对稳定;而供应紧张时,价格则可能上涨。同时,国内原油需求的变化也会对价格产生影响。例如,随着经济的发展和人民生活水平的提高,对原油的需求量逐渐增加,这也会对原油价格产生支撑作用。

最后,政策调控也是中国原油定价机制中不可或缺的一部分。政府可以通过调整税收、进出口政策等手段,对原油市场进行调控,以维护市场稳定和保障国家能源安全。例如,政府可能会根据国际油价走势和国内供需状况,适时调整原油进出口关税或消费税,以影响国内原油价格。

(二) 中国原油期货上市

2018年3月26日,中国原油期货在上海期货交易所子公司上海国际能源交易中心正式挂牌交易。原油期货合约设计方案最大的亮点和创新可以用17个字概括,即"国际平台、净价交易、保税交割、人民币计价"。原油期货是中国首个向境外投资者全面开放的期货品种,它的上市有助于探索期货市场全面国际化的市场运作和监管经验。

境外交易者可以通过4种模式参与上期能源交易:一是通过境内期货公司代理参与

交易;二是通过境外中介机构,并由境外中介机构委托境内期货公司会员或者境外特殊经纪参与者参与交易;三是通过境外特殊经纪参与者代理参与交易;四是申请作为境外特殊非经纪参与者直接参与交易。

原油期货作为中国期货市场国际化的起点和试点,各方面的制度都有重大突破,对于建立中国自己的原油价格稳定体系,促进相关行业构建完整的产业链风控体系具有非凡意义。

第二节 天然气定价机制

一、天然气定价机制的演变

天然气定价机制随时间变化而变化。长期以来,与油价挂钩的长期合同一度在全球天然气定价市场中处于支配地位。随着全球天然气市场的演变,不同区域市场形成了不同的定价形式。美国、英国、日本、俄罗斯等国家在天然气产业发展过程中经历了数次天然气价格改革。整体上来看,天然气定价是从"政府管制定价"向"市场竞争定价"不断发展的过程(表9-2)。

表9-2 世界主要国家天然气定价机制演变

国家	天然气定价演变过程
美国	1978年颁布《国家天然气政策法案》,天然气上游领域实现竞争。1992年以后出现了现货交易市场,天然气下游领域实现竞争。现阶段,天然气价格基本上由现货市场与期货市场共同决定,实行完全市场化的定价机制
英国	20世纪90年代,天然气定价采用市场净回值法,气价与粗柴油价格挂钩,政府不进行管制。到21世纪初期,逐步建立新天然气市场结构,生产市场和终端用户市场均实现了竞争,价格由市场决定,不受政府管制,管道运输市场价格则由政府管制。现阶段,天然气管网运输和销售分离,完全为市场化运作
日本	日本天然气定价主要包括进口液化天然气(liquefied natural gas,LNG)和国内天然气零售的定价。进口LNG定价经历了固定定价(由政府制定)、与中东等产油国政府石油销售价挂钩定价、与日本原油综合指数(Japan crude cocktail,JCC)关联定价等几个阶段。LNG出口商与客户签订长期(10~20年)买卖协议合同。1995年以前,日本政府对零售天然气定价采取了成本加成法,其后经过天然气市场化改革,最终确定了由天然气使用者和供应者协商确定天然气价格的定价机制

表 9-2（续）

国家	天然气定价演变过程
俄罗斯	俄罗斯天然气管道由俄罗斯天然气工业股份公司统一经营，俄罗斯能源管理委员会统一制定生产企业使用管道输送天然气的价格。随着俄罗斯市场经济的发展，俄罗斯尝试建立管输市场第三方准入机制。俄罗斯现行天然气销售定价主要采取政府管制价格和非管制价格相结合的方式

中国天然气定价经历了单一国家定价(1956—1993年)、国家定价和国家计划指导价并存(1993—2005年)、国家统一指导价(2005—2011年)、新定价机制改革试点(2011年至今)4个阶段。目前天然气出厂价由中央政府控制，国家发展和改革委员会确定。天然气管输价格由各地物价局提出意见，报国家发展和改革委员会审批。管网设施建设费和天然气售后服务价格则由各省(区、市)物价部门直接确定。

二、主要的天然气定价机制

全球天然气贸易较为集中，按区域可划分为北美市场、欧洲市场和亚太市场。其中，北美市场和欧洲市场以管道天然气贸易为主，亚太市场以液化天然气贸易为主。

全球天然气区域市场价格相对独立，定价机制存在显著的不同之处，表现出明显的差异性。北美地区价格完全由市场竞争形成，欧洲地区主要采用净回值定价，与油价挂钩，同时考虑替代能源价格和需求状况，而亚太地区的LNG进口价格与日本原油综合价格挂钩。区域定价机制不同导致北美市场、欧洲市场及亚太市场的天然气价格存在较大差异。

国际上主要有3类天然气定价机制，即"气-气"竞争的定价机制、与替代能源价格挂钩的定价机制和政府管制的定价机制。

（一）"气-气"竞争的定价机制

在"气-气"竞争的定价机制中，天然气价格主要取决于市场供需，天然气市场发育成熟的北美地区和英国、荷兰等欧洲国家采用该种定价模式。建立竞争性天然气市场需要具备以下条件：一是天然气供应基本能够满足市场需求；二是必须有多家供应商，用户有充分的自由选择权；三是解除管道公司的捆绑销售，管道公司仅从事天然气输送服务；四是强制性实行管道开放制度，即在有足够的输送容量的情况下，管道公司必须承担所有托运人委托的无歧视的输气服务。采用竞争性市场定价，一般是在天然气市场进入成熟期，天然气市场相对开放、监管完善的前提下进行的。

（二）与替代能源挂钩的定价机制

这种定价机制主要通过合同谈判达成交易价格，目前欧洲多数国家和亚洲的日本、韩国通常采用这种定价模式。这些地区天然气市场的典型特征是主要依靠进口满足国内天然气需求。欧洲大陆的天然气价格通常是与柴油、燃料油等成品油价格挂钩,日本天然气价格主要与一揽子进口原油价格挂钩。

(三)政府管制的定价机制

政府对天然气价格进行管制时,通常其价格水平较低。市场发育不成熟的发展中国家和资源国通常采用这种定价模式。在发展中国家,政府管制天然气价格主要是考虑到消费者的承受能力。

中国天然气进口主要采取陆路管道天然气进口和海上液化天然气进口两种方式。2022年,中国进口的天然气中58%为液化天然气。中国进口的液化天然气包括长期协议(简称长协)和短期现货两种形式,而进口管道气则全部采用长期协议进行供应。由于长协合同的签署时间存在差异,且参照的基准油价也各不相同,因此,最终的价格呈现出较大的差异。

2020年,《中央定价目录》将天然气划分为管制气和非管制气,并进行区分定价。海上气、页岩气、煤层气、煤制气、液化天然气、直供用户用气、储气设施购销气、交易平台公开交易气、2015年以后投产的进口管道天然气,以及具备竞争条件的省份天然气的门站价格,由市场形成;其他国产陆上管道天然气和2014年底前投产的进口管道天然气的门站价格,暂按现行价格机制管理,视天然气市场化改革进程适时放开,由市场形成。

三、天然气定价机制的影响因素

影响国际天然气定价机制的主要因素包括供需态势、替代燃料价格、开采成本等。

(一)供需态势

天然气供需态势是制约天然气定价机制的主要因素之一。

资源禀赋程度是天然气供给的重要因素,各国天然气的供给与其自身的资源禀赋程度息息相关。根据英国石油公司(British Petroleum,BP)发布的《世界能源统计年鉴(2021)》,2020年全球天然气已探明储量为188.1万亿m^3,较2019年略有下降,总体上全球天然气储量充足。

不同地区的天然气需求展现出各异的特征。部分发展中国家,随着经济的迅猛增长以及城市化步伐的加快,天然气需求量呈现出显著的增长态势。相较之下,部分发达国家,由于能源结构的持续优化以及环保政策的严格执行,天然气需求量的增长速度相对较为平缓。

天然气贸易格局正经历着前所未有的深刻变革。传统天然气出口大国如俄罗斯,正积极寻求多元化的出口渠道,力图打破传统贸易模式,探索更广阔的市场空间。与此同时,欧洲和亚洲等地也在不断加强天然气贸易合作,携手推动天然气市场的多元化发展,寻求更为平衡和可持续的能源供应方式。

(二)替代燃料价格

天然气作为石油开采过程的副产品,在运输设施和应用范畴方面均展现出与石油的相似性。因此,其价格形成机制不仅受到全球原油市场的深刻影响,同时也受到替代燃料价格波动的制约。

以可替代天然气的燃料为例,例如生物柴油、氢气、乙醇等,这些燃料的价格受到原材料成本、生产过程中的能耗以及政策扶持等多重因素的影响。这些因素共同作用于替代燃料市场,某些情况下,这些替代燃料可能具备价格优势,而在其他情况下则可能价格较高。

图9-1详细呈现了不同发电燃料之间的成本对比情况,其中LCOE(levelized cost of energy)是指平准化发电成本。

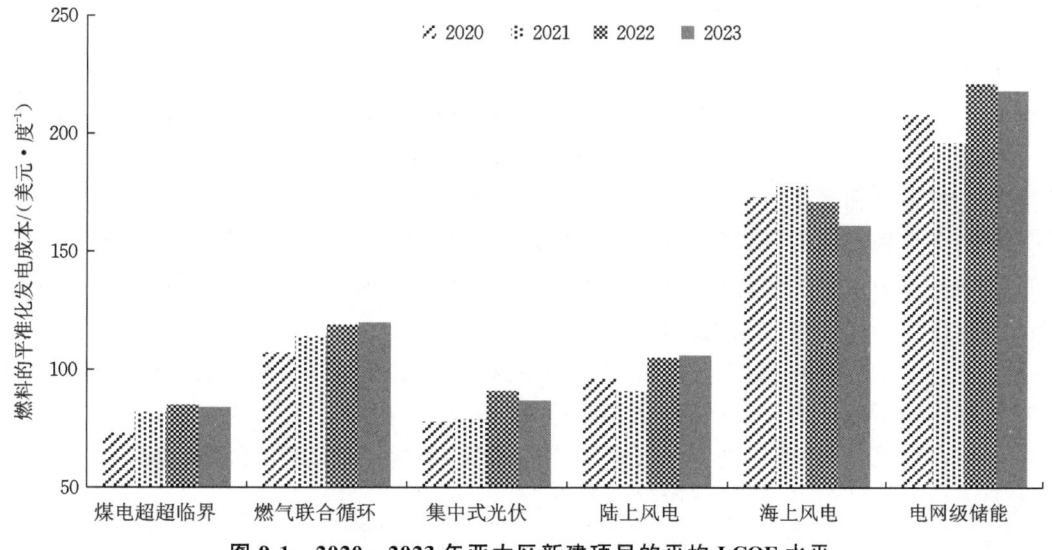

图9-1 2020—2023年亚太区新建项目的平均LCOE水平

数据来源:摘录于伍德麦肯兹(Wood Mackenzie)研究报告《制胜未来2022:亚太区电力与可再生能源竞争力分析报告》(*Battle for the future 2022*: *Asia Pacific power and renewables competitiveness report*)。

(三)开采成本

天然气开采成本是影响天然气价格和产量的重要因素之一,也是天然气定价的价格支撑线。美国天然气开采的完全成本[①]在不同盆地之间差距较大,存在0边际成本、低成

---

① 油气完全成本是指油气生产过程中进入当期损益的成本,通常包括以下三部分:一是阶段成本核算时直接进入损益的生产成本(即现金操作成本)和勘探费用;二是进入当期损益的资本化成本,主要是折旧折耗与摊销以及长期资产减损;三是期间费用,主要是管理费用和财务费用。

本和较高成本3类产区,其天然气产量在美国天然气总产量中的占比分别为25%、37%、38%[①]。

(1) 在美国二叠纪、鹰滩等一些主要产油的页岩油气盆地,由于页岩气是页岩油的伴生物,厂商生产页岩气的边际成本为0,只要页岩油可以生产,页岩气就可以持续产出。

(2) 美国第一大产气区阿巴拉契亚(马塞勒斯)产气的完全成本为1.77~2.43美元/百万英热[②],可变成本约为完全成本的40%。

(3) 美国海恩斯维尔、尤提卡、密西西比等其他气田的完全成本在2.5~3.5美元/百万英热之间,可变成本在1~1.4美元/百万英热之间。

四、天然气定价机制的发展趋势

(一) 天然气定价将逐步转向完全市场定价

天然气定价逐步转向完全市场定价,标志着能源市场的持续发展和日益成熟。完全市场定价体系的确立,意味着天然气价格将主要由市场供需关系动态决定,进而实现价格机制的灵活性和敏感性,实时反映市场的真实需求和供应态势。此举有助于推动天然气市场的竞争态势和深化发展。

在完全市场定价的背景下,供应商将更加注重提升生产效率、优化成本结构,以在激烈的市场竞争中占据优势地位。同时,需求方也将更加重视价格因素,在多样化的天然气产品中选择性价比更高的选项,以满足自身的能源需求。

此外,天然气市场完全市场定价的实施,还将有助于推动能源结构的优化升级。随着天然气市场的不断壮大,天然气将在能源消费结构中占据日益重要的位置。通过市场定价的引导,可以更有效地促进天然气资源流向高效、环保的能源利用领域,从而推动能源结构的绿色低碳转型,实现可持续发展目标。

(二) 天然气贸易快速增长将促进全球一体化天然气市场形成

随着天然气市场进入快速发展时期,区域性的市场将逐步被打破,天然气贸易的快速增长将促进全球一体化天然气市场形成。

天然气贸易的快速增长将促进全球天然气市场的互联互通。越来越多的国家和地区参与到天然气贸易中来,形成了多元化的贸易格局。同时,天然气管道、液化天然气运输船等基础设施的建设不断完善,为天然气贸易提供了更加便捷和高效的通道。

全球一体化天然气市场的形成有助于优化资源配置和提高能源利用效率。通过天然气

---

① 数据来源于信达证券专题研究"美国天然气成本及气价展望",2024-05-16。

② "英热"(British thermal unit,BTU)是一种热量单位,常用于测量能量的转换和传递。它表示的是将1磅水从39.2 °F(4 °C)加热到212 °F(100 °C)所需要的热量。

贸易，各国可以充分利用各自的天然气资源，实现优势互补和互利共赢。同时，天然气市场的竞争也有助于推动技术创新和产业升级，提高整个行业的竞争力和可持续发展能力。

第三节　煤炭定价机制

一、全球煤炭定价机制

全球煤炭贸易领域面临着商品标的标准化难题、运输挑战以及库存管理复杂等多重问题。这些因素导致全球煤炭市场难以形成统一且稳定的定价机制，同时也未能构建出具备绝对权威性和实际有效性的全球价格体系。

目前在全球煤炭市场上有 4 个重要的煤运港口或港口群，分别是中国的环渤海港口群、欧洲阿姆斯特丹—鹿特丹—安特卫普三港、澳洲纽克斯尔港、南非理查德港。这 4 处港口或港口群的煤价反映了各自区域内煤炭市场的景气度。对中国煤炭市场而言，环渤海煤炭价格成为行业参与者的重要决策参考，而环渤海煤炭价格基本由中国国内市场决定。

（一）煤炭价格指数

煤炭价格指数是反映煤炭市场的重要指标。全球性的煤炭价格指数主要包括阿格斯指数（Argus Coal Price Index，API）、普氏（Platts）煤炭价格指数、环球煤炭市场公司（Global Coal Markets Inc，GCM）价格指数、传统财务公司（Tradition Financial Services，TFS）指数等（表 9-3）。

表 9-3　全球主要煤炭价格指数

类型	指数解释
阿格斯指数	英国阿格斯能源咨询公司每日、每月及每年均发布详尽且权威的国际煤炭市场价格报告，确保所呈现的价格因子严格依据当日确认的美金结算价格以及深入的市场调研数据，以提供客户准确、全面的市场分析
普氏煤炭价格指数	普氏公司通过旗下周刊与日报所公布的国际煤炭价格指数，参照部分现货招标、平台交易以及港口现货在内的当天实际交易，以及询价对象认为的可交易价格等信息确定煤炭价格指数
GCM 价格指数	GCM 以 Global Coal 电子交易平台为基础，按周或按月发布的主要国际煤炭贸易市场的价格指数
TFS 指数	通过间接计算得出的系列指数，是目前欧洲煤炭场外交易所采用的主要指数之一

全球煤炭贸易价格参考标准有西北欧标杆价格、美国中部阿巴拉契煤炭现货价格指数、日本蒸汽煤现货到岸价格和中国秦皇岛现货价格。

（二）煤炭交易形式

目前，全球煤炭市场已经构建了以中长期合同为主体、招标采购为辅助，以现货和期货等多种交易形式为补充的多元化交易格局。其中，长协交易、现货交易、期货交易和场外交易等多种层次的市场共同构成了煤炭贸易体系（表9-4）。

表 9-4 全球煤炭市场交易形式

类型	主要特征
长协交易	主要煤炭消费国与煤炭生产国政府之间会通过签订长期协议的方式，以一定的互惠条件开展煤炭贸易；企业间也会通过长期协议建立长期、稳定的贸易关系
现货交易	在公开撮合报价的电子交易平台上进行现货议价和交易
期货交易	通过发布期货合约为全球煤炭市场提供价格发现和风险规避手段
场外交易	以煤炭场外衍生金融产品作为重要的交易对象，涵盖了隔月合约、远期合约、价差合约等多种类型

其中，长协交易反映的仅是买卖双方的谈判结果，有很强的主观性，并不能客观反映市场的真实情况。现货市场则存在着区域性限制和产品品质难以标准化的缺陷，因此其交易价格的参考价值相对有限。

二、煤炭定价机制的发展趋势

煤炭定价机制的发展演变过程受到市场需求、供应格局、政策法规以及技术进步等多重因素的共同影响。

1. 市场化定价程度提高

随着煤炭市场的逐步开放和市场化改革的深入推进，煤炭定价将越来越倾向于市场化。政府将逐渐减少对煤炭价格的直接干预，而通过政策引导和市场机制来调节煤炭价格。

2. 稳定供应关系的建立

未来煤炭市场将更加注重建立稳定的供应关系。大型煤炭企业和用户将更倾向于签订长期合同，以确保煤炭供应的连续性和价格的稳定性。

3. 绿色低碳发展导向

随着全球对气候变化的关注和应对行动的加强,绿色低碳发展将成为煤炭行业的重要导向。在煤炭定价机制中,将更加注重考虑煤炭的环保成本和碳排放等因素。政府可能会通过税收、补贴等政策措施来引导煤炭行业向绿色低碳方向发展,推动煤炭定价机制的绿色化转型。

4. 数字化转型和智能化发展

随着数字化技术的快速发展和智能化水平的提高,煤炭定价机制也将逐步实现数字化转型和智能化发展。通过大数据、云计算、人工智能等技术手段,可以更加精确地预测煤炭市场的供求趋势和价格走势,为煤炭定价提供更加科学、准确的依据。

三、中国煤炭定价机制的演变

中国煤炭定价机制的演变经历了多个阶段,这些阶段反映了中国从计划经济向市场经济转型的过程,以及能源市场的逐步开放和规范化。

1. 计划经济时期(1949 年至改革开放前)

在计划经济时期,煤炭价格主要由政府决定,并受到严格的管制。煤炭被视为重要的战略资源,其价格主要根据生产成本和国家的能源需求来制订。这一时期,煤炭市场缺乏灵活性,价格无法真实反映市场供需关系。

2. 改革开放初期至价格双轨制阶段(改革开放初期至 20 世纪 90 年代初)

随着改革开放的推进,中国开始逐步放开煤炭市场。然而,在这一阶段,煤炭价格机制仍然受到一定程度的政府干预。为了平衡煤炭生产和消费者的利益,中国实行了价格双轨制,即煤炭的计划内价格和计划外价格。计划内价格仍然由政府决定,计划外价格则逐渐由市场供求关系决定。

3. 市场化改革阶段(20 世纪 90 年代中后期至今)

进入 21 世纪,中国煤炭市场的市场化改革步伐加快。政府逐步减少对煤炭价格的直接干预,煤炭价格更多地由市场供求关系决定。煤炭价格机制也逐渐完善,包括煤炭交易市场的建立、煤炭价格指数的发布等。这些举措使得煤炭价格能够更好地反映市场变化,促进了煤炭市场的健康发展。

在这一阶段,煤炭价格还受到多种因素的影响,包括国内外经济形势、能源政策、环保要求等。例如,环保政策的实施可能导致煤炭成本上升,进而推高煤炭价格。

第四节 铁矿石定价机制

铁矿石定价机制历经数次历史演变,目前主要以指数定价为核心,同时多种定价方式并存。

一、铁矿石定价机制的演变

(一)探索阶段(1960年以前)

在20世纪60年代之前,由于全球铁矿石市场规模小,现货交易即可满足买卖双方的需求。

大多数铁矿石矿山由钢厂直接投资兴办或者仅在北美和西欧地区市场上出售产品。由于市场规模相对较小,那时的铁矿石定价机制并没有统一规范,影响力也较为薄弱。

(二)签订低价长期供应合同阶段(1960—1980年)

20世纪60年代至80年代,随着世界钢铁工业的中心不断向亚洲转移,为确保长期稳定的收益,巴西、澳大利亚等铁矿石资源丰富的国家,积极寻求与钢铁企业的长期合作。在此背景下,以新日铁为代表的日本钢铁企业,先后与澳大利亚、巴西等国家签订了为期15~20年的低价长期铁矿石供应合同。此举旨在确保铁矿石的稳定供应,并维持合理的成本结构,从而为钢铁行业的长期发展奠定坚实基础。

(三)实行年度长协定价机制阶段(1981—2010年)

第二次世界大战后,日本政府对钢铁工业实施倾斜政策,促进了日本钢铁工业的迅猛发展。1973年日本钢产量达到1亿t,占当时世界钢铁总产量的30%以上。与美国、原苏联不同,日本是一个资源短缺国,铁矿石严重依赖进口,是当时第一大铁矿石进口国。日本的钢铁工业发展拉动了铁矿石的国际贸易,国际铁矿石市场也随着日本钢铁工业的蓬勃发展日渐完善。鉴于相对平稳的市场环境和铁矿石供需双方对于长期、稳定合同的共同需要,全球铁矿石市场在80年代初逐渐形成了年度长协定价机制。年度长协定价机制自1981年起运行。根据惯例,每年第四季度开始,由世界主流铁矿石供应商与其主要客户进行谈判,决定下一财政年度铁矿石价格(离岸价格),任何一家矿山与钢厂达成铁矿石买卖合同,则其他各家谈判均接受此结果。谈判分为亚洲市场和欧洲市场。

(四)实行指数定价机制阶段(2010年4月至今)

长协定价机制的瓦解受多方面因素影响:一方面,金融市场发展和技术进步让铁矿石的生产周期缩短,这直接导致铁矿石供应商在铁矿石谈判中势力增强;另一方面,2008年开始,铁矿石现货价格一度低于长协价,而世界经济不景气,钢铁需求疲软、价格下滑,钢铁企业为避免更大的损失,不得不违反长期合同,转而购买价格较低的铁矿石现货。铁矿石生产厂商的市场操控能力逐渐增强、钢铁企业的违约,以及三大铁矿石供应商(巴西淡水河谷公司、力拓集团、必和必拓公司)对铁矿石现货贸易商所享有的丰厚利润的觊觎,最终导致了长期协议机制的瓦解。

2010年4月开始,三大铁矿石供应商打破了一年一度的铁矿石谈判模式,将其改成季度定价模式,进而发展成指数定价。钢铁企业与铁矿石供应商约定,以前3个月的指数平均价格确定下一季度长期合同中的铁矿石价格,指数由第三方咨询机构(普氏)公布。

铁矿石价格的频繁波动不利于钢铁企业的经营,而定价机制由年度定价转为季度定价对铁矿石进口方不利。三大铁矿石供应商力推的铁矿石月结、指数定价,体现了国际铁矿石市场供方的市场控制力,但这也导致了社会福利的减少和不公平现象的发生。

当前国际上主流的铁矿石定价指数是普氏指数和MBIO指数(Metal Bulletin Iron Ore Index)。

普氏指数是普氏能源资讯(Platts)[①]制定的,它通过电话问询等方式,向矿商、钢厂和钢铁交易商采集数据,其中会选择30~40家"最为活跃的企业"进行询价,其估价的主要依据是当天最高的买方询价和最低的卖方报价,而不管实际交易是否发生。

MBIO指数由世界金属导报制定,它采集了钢厂、铁矿石供应商和贸易企业三方面的价格及成交数据,排除异常数据,对不同产地、不同品位、不同港口的成交数据进行科学计算而成。

二、铁矿石定价机制的发展趋势

全球铁矿石定价机制的发展趋势主要呈现出从传统的现货交易、长期合同定价逐渐演变为更为灵活的指数定价和期货定价,铁矿石贸易尝试采用人民币作为计价货币等趋势。这种演变反映了铁矿石市场的日益成熟和多样化,以及供需双方对于更加公正、透明和有效定价方式的需求。

(一)指数定价和期货定价逐渐成为主流

随着全球经济的波动和铁矿石市场的不断变化,指数定价和期货定价逐渐成为主流。指数定价是指通过采集多个市场数据,形成反映铁矿石市场真实情况的指数,它为交易双方提供更为公正、透明的定价参考。

[①] 普氏能源资讯是全球领先的能源和金属信息提供商。普氏能源资讯为客户提供对其业务至关重要的市场新闻和数据、基准估价、极具洞察力的新闻简报以及打造行业领先的会议,以满足客户的需求,帮助他们作出贸易和商业决策。

期货定价则通过期货市场的交易,为铁矿石价格提供预期和风险管理工具,有助于稳定市场预期和价格波动。期货定价之核心在于采纳期货市场交易所形成的价格数据,将其作为企业生产经营决策的关键参考指标。在基差贸易合同的架构下,期货价格成为定价体系的基石,而基差部分,即商品价格中相对较小的构成成分,则由买卖双方依据市场动态及各自实际的需求,通过协商达成共识并确定具体数值。

(二)尝试以人民币作计价货币

铁矿石以人民币作计价货币是境外矿山继长协定价、普氏指数定价模式之后的一个全新定价模式。在固定长协价格被推翻后,现在主流的国际铁矿石贸易正在逐渐采纳混合指数(Mysteel指数、普氏指数或者其他指数机构远期指数月均值)作为定价依据并以美元为结算货币。

2020年1月20日,中国河钢集团成功完成了与全球最大的铁矿石供应商巴西淡水河谷公司的两单人民币国际信用证的议付工作,涉及金额约合人民币2亿元。此举标志着河钢集团正式开启了以人民币计价和结算的进口铁矿石交易新模式。此次交易作为全球最大的铁矿石生产商首次参照中国铁矿石期货价格进行贸易定价,成为国际铁矿石市场中期现结合的典范,展现了中国在全球铁矿石市场中的影响力和话语权。

第五节 有色金属定价机制

随着全球经济的快速增长和工业化进程的加速推进,有色金属的需求量日益增加,而定价机制的完善与否直接影响市场的公平性和有效性。有色金属定价机制一直是全球金属市场中的核心议题,它直接关系到金属资源的合理分配、产业链的稳定运行以及经济的可持续发展。

一、有色金属定价机制的演变

1950年之前,世界有色金属价格以美国市场交易价格为基准。有色金属定价机制主要依赖于供需关系、生产成本以及地缘政治因素等多方面的综合影响。

此后,世界有色金属价格以期货市场定价为主。随着全球化进程的加快,资源流动愈加频繁,以及欧美金融业日趋成熟,期货市场渐渐凸显了其应有的功能,反映了市场供需状况。进入21世纪以来,大量金融衍生品进入期货市场,促使有色金属价格急剧攀升。

有色金属的定价主要受到国际市场的影响,尤其是伦敦金属交易所等全球主要金属交易所的期货价格,往往成为国际有色金属价格的基准。这些期货价格受到全球金融市场的变化、供需关系、地缘政治风险、美元汇率、通胀预期等多种因素的影响。

目前,全球有三大有色金属期货交易所,分别是伦敦金属交易所、纽约商业交易所和上海期货交易所。其中伦敦金属交易所的有色金属期货价格被世界公认为有色金属的定价标准。

中国作为世界上有色金属生产及消费的主要国家,尽管在生产和消费方面展现出显著的优势,但在有色金属价格制定上却缺乏相应的影响力。这主要是由于中国在国际金属交易所中的参与程度尚浅,同时全球有色金属定价机制主要由西方国家和相关机构所主导。

二、有色金属定价机制的发展趋势

(一)以期货市场为基准,供方拥有更大话语权

在有色金属原矿的价格谈判中,买卖双方通常将期货市场的价格基准作为核心参考因素。这种定价机制确保了原矿价格与期货市场价格的紧密联动,同时提升了交易过程的公正性和透明度。通过参考期货市场价格,买卖双方能够更精确地分析市场供需关系,从而制定出更为合理的价格策略。

冶炼厂在采购原矿时,其最终支付价格的确定遵循特定的规则。冶炼厂会在未来某一特定月份的期货市场价格基础上,扣除相应的加工费用,从而得出原矿的采购价格。这种定价方式既考虑了市场的波动因素,又充分权衡了冶炼厂的加工成本,使得买卖双方均能接受。

这种定价机制为买卖双方在价格谈判中提供了更多选择空间,赋予了双方更高的灵活性。在谈判过程中,双方可以根据期货市场的价格变动情况,灵活调整原矿的采购价格。这种灵活性使得买卖双方能够更好地应对市场变化,降低潜在风险。

由于传统矿业巨头掌握着全球优质资源的控制权,供应方在市场中相对于需求方往往具备更强的议价能力。这使得在贸易谈判中,供应方往往占据更有利的地位。对于冶炼厂而言,它们通常需要付出更多的努力来争取更为合理的价格(表9-5)。

表9-5 国际矿业巨头投资国家或地区

企业名称	基本描述	主要供应矿种	矿山所在国家或地区
智利国家铜业公司 (Corporacion Nacional del Cobre de Chile,CODELCO)	全球最大铜生产商	铜	智利、巴西、厄瓜多尔、澳大利亚、赞比亚等
自由港麦克莫兰公司 (Freeport-McMoRan Inc.)	美国金属与矿产公司	铜、钼	北美、南美、印度尼西亚、西非等
必和必拓集团 (Broken Hill Proprietary Billiton Ltd.)	全球领先矿业公司	铁矿石、煤、铜、铝、镍、石油、液化天然气、镁、钻石	智利、美国、澳大利亚等

表9-5（续）

企业名称	基本描述	主要供应矿种	矿山所在国家或地区
墨西哥集团 （Grupo México）	墨西哥最大铜矿企业	铜	墨西哥、秘鲁、美国等
嘉能可斯特拉塔股份有限公司 （Glencore International AG）	全球大宗商品交易巨头	金属、矿石、煤炭、油品、农产品	波兰、美国、印度尼西亚、菲律宾、澳大利亚等
英美资源集团 （Anglo American）	全球性多元化矿业公司	金、铂金、钻石、煤炭、黑色金属和有色金属	智利、秘鲁等
力拓集团 （Rio Tinto Group）	全球领先矿业公司	煤、铁、铜、黄金、钻石、铝、能源	美国、智利、印度尼西亚、澳大利亚、南非、蒙古国、秘鲁等

资料来源：根据各矿业公司年报统计。

（二）以长期供货合同为主导、现货供货合同为补充

在欧美等发达国家，有色金属冶炼企业在采购原矿方面已建立一套成熟且高效的采购模式。该模式以签订长期供货合同为核心并灵活补充现货供货合同，旨在确保冶炼企业能够稳定地获取原矿资源，同时有效应对市场波动。

通过签订长期供货合同，企业能够建立起与供应商之间的稳定合作关系，从而确保原矿资源的持续稳定供应。此类合同往往包含价格锁定条款，使得企业能在一定时期内以约定的价格购买原矿，有效规避市场价格剧烈波动对企业成本造成的潜在影响。

在面临市场供应紧张或价格大幅波动时，企业可依托现货市场进行补充。现货供货合同在有色金属冶炼企业的采购策略中亦扮演重要角色。通过灵活运用现货市场，企业能够更有效地应对市场变化，确保生产过程的连续性与稳定性。

在采购原矿方面，中国有色金属冶炼企业积极与国际接轨，采用与国际市场相接轨的定价方式。中国有色金属冶炼企业普遍将原矿价格与期货市场价格相挂钩，这种定价方式有助于企业更精准地预测和控制成本，同时也有助于企业更好地融入全球有色金属市场，提升国际竞争力。

第十章

矿产资源管理

第一节　矿产资源规划管理

矿产资源规划是国家以所有者身份对矿产资源行使处置权的体现。根据《中华人民共和国矿产资源法》第七条的规定，国家对矿产资源的勘查、开发实行统一规划、合理布局、综合勘查、合理开采和综合利用的方针。矿产资源规划管理包括矿产资源规划的编制和实施两个基本环节。

一、矿产资源规划的概念和分类

1. 矿产资源规划的概念

矿产资源规划，是指根据矿产资源禀赋条件、勘查开发利用现状及一定时期内国民经济和社会发展对矿产资源的需求，对地质勘查、矿产资源开发利用和保护等，作出的总量、结构、布局和时序安排。首先，矿产资源规划是落实国家矿产资源战略、加强和改善矿产资源宏观管理的重要手段。矿产资源宏观管理的手段主要包括制定矿产资源战略、规划和政策。矿产资源战略是统领矿产资源管理工作全局的根本指导思想，是制定矿产资源规划和政策的依据，而矿产资源规划和政策则是落实矿产资源战略的手段。矿产资源规划是对规划期内矿产资源勘查、开发利用活动系统的、总体的布局和安排。矿产资源政策则是在特定时期内针对矿产资源勘查、开发利用活动的特定目标、特定问题、特定领域或者特定范围所采取的措施，是一种更为灵活的宏观管理手段。其次，矿产资源规划是依法审批和监督管理地质勘查、矿产资源开发利用和保护活动的重要依据。在省级和市县级矿产资源总体规划中,一般要按照审批权限分别划定勘查规划区块和开采规划区块,这两类区块是自然资源主管部门依法审批探矿权和采矿权的重要依据。矿产资源规划还要提出勘查开采布局与分区、矿山数量、开采总量、最低开采规模、勘查开采准入条件等要求,这些是自然资源主管部门监督管理矿产资源勘查、开发利用和保护活动的重要依据。

2. 矿产资源规划的分类

矿产资源规划是国家规划体系的重要组成部分,中国正在逐步建立以国家发展规划为统领,以空间规划为基础,以专项规划、区域规划为支撑,由国家、省、市、县各级规划共同组成,定位准确、边界清晰、功能互补、统一衔接的国家规划体系。矿产资源规划是《中华人民共和国矿产资源法》确定的法定专项规划,应当依据国民经济和社会发展规划、国土空间规划编制,而相关部门规划和涉及矿产资源开发活动的相关行业规划,应当与矿产资源规划做好衔接。

矿产资源规划根据规划对象和功能类别分为总体规划、专项规划和区域规划,专项规划和区域规划的编制要以总体规划为依据。矿产资源总体规划是对某一行政区域内的矿产资源勘查、开发利用与保护及其相关活动编制的规划。矿产资源专项规划是对矿产资源调查评价与勘查、开发利用与保护、矿山地质环境保护与恢复治理、矿区土地复垦等特定领域,以及对重要矿种、重点矿区、大中型矿产地编制的规划。矿产资源专项规划是矿产资源总体规划在某一领域的延伸、细化和具体体现,是实施性和操作性规划。矿产资源区域规划是对跨行政区域的矿产资源勘查、开发利用和保护及其相关活动编制的规划。矿产资源区域规划是总体规划在特定空间的落实,是区域内各行政区编制各类规划的依据。

矿产资源规划按照行政层级又分为国家级规划、省级规划、市级规划和县级规划(图10-1)。矿产资源总体规划包括全国、省、市和县4个层级,它们是矿产资源规划体系的核心。全国矿产资源规划要对全国地质勘查、矿产资源开发利用和保护进行战略性总体布局及统筹安排,省级矿产资源总体规划要对全国矿产资源规划的目标任务在辖区内进行细化和落实,市级、县级矿产资源总体规划则要对依法审批管理和上级自然资源主管部门授权审批管理矿种的勘查、开发利用和保护活动作出具体安排。下级矿产资源总体规划应当服从上级矿产资源总体规划。

二、矿产资源规划的编制

1. 编制主体和编制单位

矿产资源规划的编制主体是各级自然资源主管部门。自然资源部负责组织编制国家

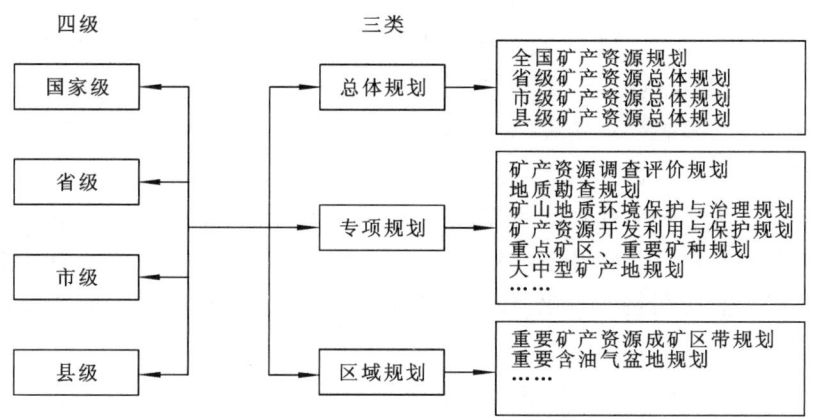

图 10-1 中国四级三类矿产资源规划体系

（引自《中国矿产资源报告 2011》）

级矿产资源总体规划和矿产资源专项规划，省级自然资源主管部门负责组织编制省级矿产资源总体规划和矿产资源专项规划，设区的市级、县级自然资源主管部门负责组织编制辖区的矿产资源总体规划和矿产资源专项规划。自然资源主管部门一般采用招标等方式择优选择矿产资源规划编制单位。矿产资源规划编制单位应当具有法人资格，具备与编制矿产资源规划相应的工作业绩或者能力，具有完善的技术和质量管理制度，而且主要编制人员应当具备中级以上相关专业技术职称，经过矿产资源规划业务培训。目前，很多市县级矿产资源总体规划的候选编制单位为了中标而在招投标过程中竞相压价，导致最终的编制经费根本无法保证编制任务的完成。矿产资源规划的编制单位以地质勘查单位为主，规划编制人员和队伍既不稳定也不成熟，且数量有限，很难保证市县级矿产资源总体规划的质量和进度。

2. 编制规程和成果要求

自然资源主管部门根据国家、行业标准和规程编制矿产资源规划。自然资源部制定省级矿产资源规划编制规程和市县级矿产资源规划编制指导意见，省级自然资源主管部门再根据指导意见制定辖区内矿产资源规划的编制规程。省级和市县级自然资源主管部门要根据矿产资源规划编制规程及技术要求，完成矿产资源规划编制成果。

矿产资源总体规划的规划成果主要包括规划文本、规划附表、规划图件、规划编制说明、规划基础研究材料、规划数据库等。

（1）规划文本。规划文本是对规划目标、原则和内容提出规定性和指导性要求的文件，要求内容简明、重点突出、目标明确、任务具体，文字表达规范，数据准确。规划文本的内容一般包括背景与形势分析、矿产资源供需变化趋势预测、规划主要目标与指标、地质勘查总体安排、开发利用方向和总量调控、规划分区和结构调整、矿产资源节约与综合利用、矿山地质环境保护与治理恢复、矿区土地复垦、重大工程和政策措施。

(2) 规划附表。规划附表一般包括现状表和规划表,现状表主要有矿产资源储量表、主要矿区资源储量基本情况表、主要矿产开发利用现状表、主要矿山开发利用现状表,以及主要矿产探矿权、采矿权现状表;规划表主要有矿产品产量、需求量及其预测表,矿产资源调查评价分区表,矿产资源勘查分区表,主要矿产资源勘查规划区块表,矿产资源开采分区表,主要矿产资源开采规划区块表,矿业经济区规划表,矿区(床)最低开采规模规划表,矿山环境保护与恢复治理及土地复垦规划表等。在第四轮矿产资源总体规划的编制过程中,规划附表有所调整和简化,现状表不再作为成果要求,而增加能源资源安全保障布局的相关附表。

(3) 规划图件。规划图件表达的内容要与文本一致,一般包括矿产资源分布图、矿产资源勘查工作程度图、矿产资源开发利用现状图、矿产资源调查评价与勘查规划图、矿产资源开发利用与保护规划图、矿山环境保护与恢复治理规划图及其他必要的专题图件。

(4) 规划编制说明。规划编制说明是对规划文本的具体解释,一般包括规划编制的主要依据、原则、规划基本思路,规划目标、任务、主要指标及主要内容,规划编制过程、规划研究情况,与上轮轮矿产资源规划及其他相关规划衔接情况,同级人民政府对规划的审核情况,征求有关部门、地方政府、专家意见及协调情况,其他需要说明的问题。

(5) 规划基础研究材料。规划基础研究材料一般包括专题研究报告、主要指标和重大工程论证材料、基础资料汇编等。

(6) 规划数据库。按照有关建设标准,做好规划成果的信息化处理,建立规划数据库。

3. 编制程序

经过多年的经验积累,矿产资源总体规划已经形成了一套较为成熟的编制程序,对保证规划编制的效率和质量发挥了重要作用。矿产资源总体规划的编制程序一般包括制定工作方案、开展基础研究、编制规划草案、进行论证衔接和编制规划送审稿等多个环节。

(1) 制定工作方案。明确规划编制的专门机构和人员,确定规划编制工作的思路、原则、主要任务、重大专题研究和进度安排,落实规划编制及规划数据库建设等专项经费。

(2) 开展基础研究。一是认真进行上轮规划实施评估,对上轮规划的实施情况和主要目标任务完成情况进行评估,对存在的问题提出对策建议;二是广泛开展基础调查,收集并核实矿产勘查、资源储量、开发利用、矿山环境等规划编制的基础数据,对资源赋存特点和分布规律、矿产资源勘查开发利用现状、矿业经济发展情况、资源储量和潜力、矿山地质环境现状、矿区土地复垦潜力和适宜性等进行调查评价和研究;三是深入做好规划专题研究及重大工程和矿产资源管理政策措施的论证等工作,夯实规划编制基础。

(3) 编制规划草案。在总结和提炼规划基础研究成果的基础上,明确基本思路、主要框架、规划范围、主要指标、总体布局、重点任务、重大工程、政策措施等。

(4) 进行论证衔接。在规划编制过程中,要广泛征求同级人民政府相关部门、下级人民政府、矿山企业、相关行业和单位的意见,对主要目标与指标、规划分区方案、重大工程等要组织专家进行论证。对矿产资源规划编制中的重大问题,还应当向社会公众征询意见,直接涉及单位或个人合法权益的规划内容,要依法组织听证。在规划形成送审稿之前,应就目标指标、规划布局、重大工程、政策措施等与上级规划进行衔接。

(5) 编制规划送审稿。根据与上级规划衔接的论证意见,进行修改和完善,形成规划送审稿,并按有关程序报批。

4. 环境影响评价

根据《中华人民共和国环境影响评价法》的有关规定,编制规定范围内的规划,应当依法进行环境影响评价。自然资源主管部门对其组织编制的矿产资源规划,应依据《规划环境影响评价条例》的有关规定,进行矿产资源规划环境影响评价。中国分类开展矿产资源规划环境影响评价,全国矿产资源规划、全国及省级地质勘查规划、设区的市级矿产资源总体规划、重点矿种等专项规划中需要设置环境影响章节或说明;对于省级矿产资源总体规划、设区的市级以上矿产资源开发利用专项规划、国家规划矿区或大型规模以上矿产地开发利用规划,则需要编制环境影响报告书;县级矿产资源规划原则上不需要开展规划环境影响评价。环境影响报告书、环境影响章节或说明,可以由自然资源主管部门自行组织编制或委托规划环境影响评价技术机构编制。

自然资源主管部门组织编制矿产资源规划,应同步组织开展规划环境影响评价工作。在规划编制过程中,应坚持资源开发与环境保护协调发展,充分吸纳规划环境影响评价提出的优化调整建议和减缓不利环境影响的对策措施,强化资源开发合理布局、节约集约利用和矿区生态保护。规划实施后,自然资源主管部门还应将规划环境影响评价的落实情况和实际效果等纳入规划评估的重要内容,对于有重大环境影响的规划,还应及时组织规划环境影响的跟踪评价。

三、矿产资源规划的实施

1. 矿产资源规划的审批制度

矿产资源规划的审批包括审查和报批两个环节。矿产资源规划审查,需要提交规划文本及编制说明、规划附表、规划图件、专题研究报告、规划成果数据库及征求意见、论证听证情况等其他材料。自然资源部或省级自然资源主管部门依据有关规定对矿产资源规划进行审查,并组织专家进行论证。矿产资源规划审查之前,还应当征求同级人民政府有关部门的意见,一般包括发展改革、工业和信息化、生态环境、应急管理、商务等部门。审查时若发现存在重大问题,应当退回修改、补充和完善。矿产资源规划实行分级审批制度,国家级矿产资源总体规划由国务院批准,国家级矿产资源专项规划、省级矿产资源总体规划和矿产资源专项规划由自然资源部批准。省级矿产资源总体规划要经过省级人民政府审核同意后,由自然资源部会同有关部门按规定程序审批。设区的市级、县级矿产资源规划的审批,由各省、自治区、直辖市自行规定,一般也要经过本级人民政府审核同意后,报上级自然资源主管部门批准。矿产资源规划批准后,应及时公布,但涉及国家秘密的内容除外。随着中国"放管服"改革的不断深化,矿产资源规划的审批和发布制度也在不断简化。

2. 矿产资源规划的领导责任制和年度实施制度

自然资源部负责全国的矿产资源规划管理和监督工作,地方各级自然资源主管部门负责辖区内的矿产资源规划管理和监督工作。省级自然资源主管部门应当将矿产资源规划实施情况纳入目标管理体系,作为对下级自然资源主管部门负责人业绩考核的重要依据。

在矿产资源总体规划获得批准之后,自然资源主管部门还应当建立矿产资源总体规划的年度实施制度。自然资源主管部门要编制矿产资源规划的年度实施方案,对实行总量控制的矿种提出年度调控要求和计划安排,对优化矿产资源开发利用布局和结构提出调整措施和年度指标,引导探矿权合理设置并对重要矿种的采矿权投放作出年度安排,对财政出资安排的地质勘查、矿产资源开发利用和保护、矿山地质环境保护与治理恢复、矿区土地复垦等工作提出支持重点和年度指标。制订矿产资源规划年度实施制度的目的是掌控规划实施进度,根据经济形势和资源形势的变化趋势,提出本年度的规划实施意见,更好地服务于经济和社会发展大局。然而,当前中国矿产资源规划年度实施制度还不够健全,进展也不理想,没有发挥应有的作用。

3. 矿业权规划的审查与查询制度

自然资源主管部门在矿业权审批登记过程中,应当依据矿产资源规划,严格执行矿业权规划审查制度。在审批登记探矿权时,要鼓励和引导探矿权投放,主要审查是否符合规划确定的矿种调控方向和规划分区要求,是否有利于促进整装勘查、综合勘查、综合评价。在审批登记采矿权时,主要审查是否符合规划确定的矿种调控方向和规划分区要求,是否利于开采布局的优化调整,是否符合规划确定的开采总量调控、最低开采规模、节约与综合利用、资源保护、环境保护等条件和要求。对于不符合矿产资源规划要求的,不得审批、颁发勘查许可证和采矿许可证,不得办理用地手续。同时,自然资源主管部门还要落实矿业权规划查询制度,探矿权、采矿权申请人在申请探矿权、采矿权之前,可以查询拟申请项目是否符合矿产资源规划,查询时需要提交拟申请勘查、开采的矿种、区域等基本资料。近年来,财政出资勘查项目呈现快速增长趋势,虽然财政出资勘查项目不再新设置探矿权,但仍需要执行项目规划审查制度。各级自然资源主管部门要对本级财政出资安排的地质勘查、开发利用和保护、矿山地质环境保护与治理恢复、矿区土地复垦等项目进行规划审查,不符合矿产资源规划确定的重点方向、重点区域和重大工程范围的,不得批准立项。

4. 矿产资源规划的评估与调整制度

在矿产资源规划实施过程中,自然资源主管部门应当组织对矿产资源规划实施情况进行评估,并向同级人民政府和上级自然资源主管部门报送评估报告。这里的评估主要是指矿产资源规划中期评估,中国曾在第一、二、三轮矿产资源总体规划实施过程中开展矿产资源规划中期评估工作。矿产资源规划中期评估是以检查规划实施效果、加强宏观调控为目的,结合矿产资源开发利用形势变化的分析,对规划目标与任务完成情况、规划管理制度建设与执行情况等方面的评估。矿产资源规划中期评估主要有两方面的作用:一是加强对规划实施情况的监督检查,落实矿产资源规划工作目标责任制,确保矿产资源规划目标与任务能够顺利完成;二是总结规划编制与实施中取得的经验,分析存在的问题和原因,对不适应形势发展变化的规划内容进行及时调整修订。因此,矿产资源规划中期评估的内容主要包括矿产资源开发利用形势分析、规划目标与任务实现程度评估、规划实施重大行动和举措落实情况评估、规划管理制度建设和执行情况评估、违反规划行为的查处和纠正情况、规划实施存在的问题及原因分析、对下一步矿产资源规划工作的建议等。在矿产资源规划中期评估过程中,要采取定量与定性相结合的方法,既要对规划确定的基本目标完成情况作出定量评价,对重点任务进展情况作出定量表述,也要对规划实施情况和取得的效果进行综合性评价。另外,在矿产资源规划期届满时,自然资源主管部门会启动新一轮矿产资源规划编制工作,对上轮矿产资源规划的实施成效和存在的问题进行总结和评估成为规划编制工作的重要组成部分。

在矿产资源规划实施过程中,当出现下列情形之一时,可以对矿产资源规划进行调整:一是地质勘查有重大发现;二是因市场条件、技术条件等发生重大变化,需要对矿产资源勘查、开发利用结构和布局等规划内容进行局部调整;三是新立矿产资源勘查、开发重大专项和工程;四是自然资源部和省级自然资源主管部门规定的其他情形。矿产资源规划调整,应当报经原批准机关同意,并提交调整理由、调整方案、内容说明、相关图件及论证材料等。如果矿产资源规划调整涉及其他主管部门,还需要征求其他主管部门的意见。上级矿产资源规划调整后,涉及调整下级矿产资源规划的,应当及时作出相应调整;矿产资源总体规划调整后,涉及调整矿产资源专项规划的,也应当及时作出相应调整。由于矿产资源规划设置的勘查规划区块和开采规划区块是矿业权审批的重要依据,矿产资源规划调整的需求迫切且频繁,矿产资源规划调整制度亟待在调整程序规范化、区块调整简易化、调整频次明确化等方面有所行动,考虑到要坚持规划的刚性和弹性相结合,规划调整原则上一年不超过一次。

第二节　矿产资源储量管理

矿产资源储量管理是矿产资源管理的基础,主要包括矿产资源储量分类分级、压覆矿产资源审批管理、矿产资源储量评审备案管理、矿产资源储量统计管理等内容。

一、矿产资源储量分类分级

1. 分类标准的变迁

中国矿产资源储量分类源自苏联,属于技术型分类标准。1954年,全国矿产储量委员会翻印苏联的《固体矿产储量分类》。1959年,中国开始制定自己的标准,在总结中华人民共和国成立以来矿产勘查和矿山生产经验的基础上,新中国首套矿产储量分类分级方案《金属矿产储量分类暂行规范(总则)》《非金属矿产储量分类暂行规范(总则)》和《煤矿储量分类暂行规范(总则)》出台。根据技术经济条件,将矿产储量分为平衡表内和平衡表外两类储量;按照勘探程度,将储量分为 A_1、A_2、B、C_1、C_2 五级,又依据储量用途概括分为开采储量(A_1)、设计储量(A_2、B、C_1)、远景储量(C_2)和地质储量4类。1977年,国家地质总局发布《金属矿床地质勘探规范总则(试行)》和《非金属矿床地质勘探规范总则(试行)》,根据勘探程度将储量分为 A、B、C、D 四级,同时将固体矿产储量分为表内储量(可开发利用储量)、表外储量(暂不能利用储量)两大类。1992年,中国发布《固体矿产地质勘探规范(总则)》《固体矿产详查规范(总则)》和《固体矿产普查规范(总则)》,将资源储量划分为 A、B、C、D、E 五级,其中 A、B、C、D 四级合称探明储量,E 级为远景储量。1999年12月,中国颁布实施适应市场经济体制、与国际分类框架接轨的标准《固体矿产资源/储量分类》(GB/T 17766—1999)(表10-1)。它首先通过地质评价将矿产资源分为查明矿产资源和潜在矿产资源,然后再对查明矿产资源通过可行性评价分为经济的、边际经济的、次边际经济的和内蕴经济的,综合考虑技术经济因素,将矿产资源分为储量、基础储量和资源量三大类,共16种类型。2020年3月,为最大限度地降低社会认知和信息交易成本,中国颁布实施适应矿产资源管理改革需要的标准《固体矿产资源储量分类》(GB/T 17766—2020),将固体矿产简化为资源量和储量两类,资源量按地质可靠程度由低到高分为推断资源量、控制资源量和探明资源量3级,储量按地质可靠程度和转换因素的确定程度,由低到高分为可信储量和证实储量两级。

表 10-1　固体矿产资源/储量分类

(引自《固体矿产资源/储量分类》(GB/T 17766—1999)，已被 GB/T 17766—2020 代替)

分类 类型 经济意义 \ 地质可靠程度	查明矿产资源			潜在矿产资源
	探明的	控制的	推断的	预测的
经济的	可采储量(111)			
	基础储量(111b)			
	预可采储量(121)	预可采储量(122)		
	基础储量(121b)	基础储量(122b)		
边际经济的	基础储量(2M11)			
	基础储量(2M21)	基础储量(2M22)		
次边际经济的	资源量(2S11)			
	资源量(2S21)	资源量(2S22)		
内蕴经济的	资源量(331)	资源量(332)	资源量(333)	资源量(334)?

说明：表中所用编码(111-334)，第 1 位数表示经济意义：1＝经济的，2M＝边际经济的，2S＝次边际经济的，3＝内蕴经济的，?＝经济意义未定的；第 2 位数表示可行性评价阶段：1＝可行性研究，2＝预可行性研究，3＝概略研究；第 3 位数表示地质可靠程度：1＝探明的，2＝控制的，3＝预测的，b＝未扣除设计、采矿损失的可采储量。

2. 分类标准的调整

根据《固体矿产资源储量分类》(GB/T 17766—2020)，新分类标准主要有三方面的调整：一是对固体矿产资源勘查阶段进行简化，按照"有没有""有多少""可采多少"的逻辑，将原来的预查、普查、详查和勘探 4 个阶段，调整为普查、详查和勘探 3 个阶段。二是对固体矿产资源储量的分类依据进行简化，由原来的地质可靠程度、可行性研究程度和经济意义三维分类模式，调整为依据地质可靠程度划分资源量，考虑地质可靠程度并依据转换因素的可靠程度划分储量。这里的转换因素是指资源量转化为储量时应当考虑的因素，主要包括采矿、加工选冶、基础设施、经济、市场、法律、环境、社区和政策等。三是对固体矿产资源储量的分类分级体系进行简化，由原有的储量、基础储量和资源量 3 类、16 个类型调整为资源量和储量 2 类、5 个类型(图 10-2)。

在新的固体矿产资源储量分类分级体系中，资源量和储量的含义及分级分别如下。

(1) 资源量。资源量是指经矿产资源勘查查明并经概略研究，预期可经济开采的固体矿产资源，其数量、品位或质量是依据地质信息、地质认识及相关技术要求而估算的。它又分为三级：一是推断资源量。推断资源量是指经稀疏取样工程圈定并估算的资源量，

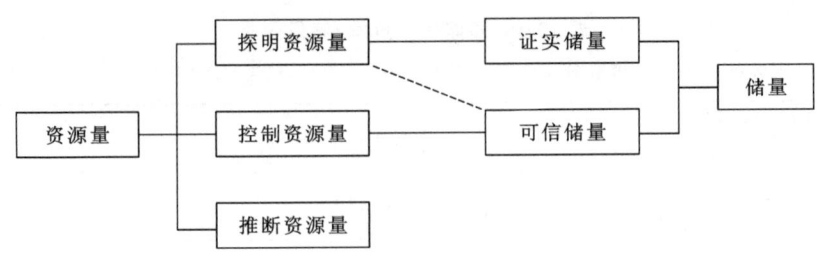

图 10-2　资源量和储量类型及转换关系示意图

以及控制资源量或探明资源量的外推部分,矿体的空间分布、形态、产状和连续性是合理推测的,其数量、品位或质量是基于有限的取样工程和信息数据来估算的,地质可靠程度较低。二是控制资源量。控制资源量是指经系统取样工程圈定并估算的资源量,矿体的空间分布、形态、产状和连续性已基本确定,其数量、品位或质量是基于较多的取样工程和信息数据来估算的,地质可靠程度较高。三是探明资源量。探明资源量是指在系统取样工程基础上经加密工程圈定并估算的资源量,矿体的空间分布、形态、产状和连续性已确定,其数量、品位或质量是基于充足的取样工程和详尽的信息数据来估算的,地质可靠程度高。

(2) 储量。储量是指探明资源量和(或)控制资源量中可经济采出的部分,是经过预可行性研究、可行性研究或与之相当的技术经济评价,充分考虑了可能的矿石损失和贫化,合理使用转换因素后估算的,满足开采的技术可行性和经济合理性。它又分为两级:一是可信储量。可信储量是指经过预可行性研究、可行性研究或与之相当的技术经济评价,基于控制资源量估算的储量,或某些转换因素尚存在不确定性时,基于探明资源量而估算的储量。二是证实储量。证实储量是指经过预可行性研究、可行性研究或与之相当的技术经济评价,基于探明资源量而估算的储量。

二、压覆矿产资源审批管理

1. 概念界定与审批权限

压覆矿产资源,是指建设项目实施后,其压覆区内不能勘查开采的已查明矿产资源。压覆矿产资源可以分为压覆重要矿产资源和压覆非重要矿产资源,这里的重要矿产资源是指《矿产资源开采登记管理办法》附录所列的 34 个矿种和省级自然资源主管部门确定的辖区内优势或紧缺矿产。炼焦用煤、富铁矿、铬铁矿、富铜矿、钨、锡、锑、稀土、钼、铌钽、钾盐、金刚石矿产资源储量规模在中型以上的矿区原则上不得压覆,但国务院及其组成部门批准的国家重大建设项目除外。建设项目压覆重要矿产资源,需要经过审查和批准,未经批准不得压覆。如果建设项目压覆区与勘查区块或矿区范围重叠,但并不影响矿产资源正常勘查开采,可不作压覆处理。压覆非重要矿产资源是否需要审批,由各省(区、市)自行确定。

建设项目压覆重要矿产资源,由自然资源部和省级自然资源主管部门审批。压覆石油、天然气、页岩气、天然气水合物、放射性矿产,或压覆《矿产资源开采登记管理办法》附录所列矿种(石油、天然气、放射性矿产除外)累计查明资源储量数量达大型矿区规模以上或矿区查明资源储量规模达到大型且压覆占 1/3 以上的,由自然资源部负责审批。压覆其余重要矿产资源的,由省级自然资源主管部门负责审批。

2. 审批程序和报送材料

(1) 选址前查询。建设项目选址前,建设单位应向自然资源主管部门查询拟建项目所在地区的矿产资源分布和矿业权设置情况,自然资源主管部门应为查询提供便利条件。省级自然资源主管部门应当收集整理辖区内查明资源储量、矿业权设置及区划、压覆重要矿产资源审批等基本情况,建设数据库并实时更新数据,建立建设项目压覆重要矿产资源查询服务系统并在门户网站或相关政务网站上线运行,以便于建设单位通过互联网预查询。

(2) 编写评估报告。经查询确需压覆重要矿产资源的,建设单位应根据有关工程建设规范确定建设项目的压覆范围,自行或委托编制建设项目压覆重要矿产资源评估报告。不压覆重要矿产资源的,自然资源主管部门不再出具未压覆重要矿产资源的证明。

(3) 储量评审备案。若建设项目压覆重要矿产,建设单位应当编制矿产资源储量报告,向自然资源主管部门申请压覆重要矿产资源储量评审备案,提交矿产资源储量评审备案申请、矿产资源储量信息表和建设项目压覆重要矿产资源评估报告。自然资源主管部门自受理之日起 60 个工作日内完成评审备案,并书面告知申请人评审备案结果。

(4) 申请批准压覆。建设单位将经下级自然资源主管部门初审同意后的压覆重要矿产资源申请函、评估报告及评审备案文件、初审意见等有关材料,报送有审批权的自然资源主管部门申请压覆审批。凡符合审批要求的申请,自受理之日起 20 个工作日内作出准予压覆或不准压覆的决定,并通知申请人和下级自然资源主管部门。自然资源主管部门应在门户网站或相关政务网站上线开通远程申报系统,建设单位可通过远程申报系统提交建设项目压覆重要矿产资源审批申请及相关申请资料(含补正资料),涉及国家秘密的除外。

(5) 补偿协议与范围变更。若建设项目压覆已设置矿业权的矿产资源,新土地使用权人还应同时与矿业权人签订协议,协议应包括矿业权人同意放弃被压覆矿区范围及相关补偿内容。压矿补偿范围原则上包括矿业权人被压覆资源储量在当前市场条件下应缴的价款(无偿取得的除外)和压覆矿产资源分担的勘查投资、已建开采设施投入、搬迁相应设施等直接损失。在建设单位按规定办理审批手续后,自然资源主管部门负责通知被压覆矿业权人在 45 个工作日内办理相关勘查区块或矿区范围变更手续。未按规定时限内申请办理的应督促其及时办理,未按规定办理的应责令限期改正,逾期不改正的由原发证机关依法予以处罚。

(6)矿产资源统计。建设项目压覆重要矿产资源通过审批后,自然资源主管部门应将相关信息录入矿产资源储量数据库,并同时发送建设单位和相关矿业权人。压覆矿产资源储量登记取消后,以压覆重要矿产资源批复文件作为转发用地批复及供地的条件,并由自然资源主管部门将批复文件中建设项目压覆的资源储量信息纳入矿产资源统计。

3. 用地衔接和区域评估

在用地预审阶段,对单独选址的建设项目是否压覆重要矿产资源不再进行审查。在用地报批阶段,对涉及压覆重要矿产资源的建设项目,只要建设单位说明已经与矿业权人就压矿补偿问题进行协商、有关市县人民政府承诺做好压矿补偿协调工作,自然资源主管部门即可办理用地审批手续。省级自然资源主管部门应当督促建设单位与矿业权人签订补偿协议,按规定办理压覆矿产资源审批手续。对未签订补偿协议、未办理压覆矿产资源审批手续的,省级人民政府不得转发用地批复、市县人民政府不得供地。

对于国务院或省级人民政府已批准设立的各类开发区、国务院已批准的自由贸易试验区等特定区域,由省级自然资源主管部门统一组织查明重要矿产资源情况的调查评估,并将压覆矿产资源信息录入矿产资源储量数据库。特殊区域内的建设项目,不再对市场主体单独提出评估要求。新设立的及范围调整的特定区域,则要在批准前完成调查评估。

三、矿产资源储量评审备案管理

1. 定义与历史沿革

矿产资源储量评审备案,是指自然资源主管部门落实矿产资源国家所有的法律要求,履行矿产资源所有者职责,依申请对申请人申报的矿产资源储量进行审查确认,并将其纳入国家矿产资源实物账户,作为国家管理矿产资源重要依据的行政行为。

中国的矿产资源储量评审备案管理经历了3个发展阶段:一是审批阶段。1953年,中央政府成立全国矿产储量委员会,负责较重要、可供国营矿山设计使用的矿产储量报告的审查和批准,正式建立了中国矿产资源储量审批制度。二是评审认定阶段。1999年,按照政事分开原则,国土资源部等五部委联合发布《矿产资源储量评审认定办法》,将审批制度调整为评审认定制度,由储量评审机构负责组织矿产资源储量评审和对矿产资源储量报告进行技术性审查,而国土资源主管部门负责对符合规定的矿产资源储量予以认定。三是评审备案阶段。2003年,为落实国务院取消"储量评审认定作为行政审批事项"的要求,国土资源部发布《关于加强矿产资源储量评审监督管理的通知》,不再对储量评审进行认定,而设立备案管理制度,对评审机构报送的评审意见书和相关备案材料符合规定的,出具备案证明。目前,矿产资源储量评审备案是由自然资源主管部门作为行政确认事项行使的一项职能。

2. 评审备案的范围和权限

探矿权转采矿权、采矿权变更矿种或范围,油气矿产在探采矿期间探明地质储量、其他矿产在采矿期间累计查明矿产资源量发生重大变化(变化量超过30%或达到中型规模以上),以及建设项目压覆重要矿产,应当编制符合相关标准规范的矿产资源储量报告,申请评审备案。探矿权保留、变更矿种,探矿权和采矿权延续、转让、出让,划定矿区范围,查明、占用储量登记,矿山闭坑,上市融资等环节,不再由自然资源主管部门直接进行评审备案。

自然资源部负责本级已颁发勘查或采矿许可证的矿产资源储量评审备案工作,其他由省级自然资源主管部门负责。建设项目压覆重要矿产资源涉及的矿产资源储量评审备案,由省级自然资源主管部门负责,石油、天然气、页岩气、天然气水合物和放射性矿产资源除外。

3. 评审机构和评审专家

自然资源主管部门可以直接组织开展评审备案工作,也可以部分或全部委托矿产资源储量评审机构。自然资源主管部门可以依据矿业权人或压矿项目建设单位的矿产资源储量评审备案申请,对矿产资源储量报告进行审查并出具评审备案文件,也可以委托矿产资源储量评审机构根据评审备案范围和权限组织开展评审备案工作,相关费用纳入财政预算。委托矿产资源储量评审机构开展相关工作时,自然资源主管部门应明确委托事项、责任义务等,并加强监督管理,对未按规定开展工作造成不良影响的,予以通报批评;情节严重的,停止其相关业务。评审机构应建立质量管理体系,对评审程序和评审意见书的合规性、客观性、完整性负责,定期组织评审专家业务培训和交流,开展专家业务和诚信考核,妥善保管评审备案资料。

自然资源主管部门应建立专家库,实现各自然资源主管部门专家库信息共享,健全工作规程和业务质量管理体系。矿产资源储量评审备案时,采用随机方式从专家库中选择相应专业的矿产资源储量评审专家,组成专业结构合理的专家组。矿产资源储量规模为中型及以上的,专家应不少于5名;矿产资源储量规模为小型的,专家应不少于3名。专家组长应具备与矿产相关的综合知识和能力,具有相应的工作经历。评审专家应恪守职业道德和行为规范,独立提出署名意见,并具有保留个人不同意见的权利。专家组长还应负责组织专家组开展评审和复核,综合专家个人意见形成专家组意见。评审专家徇私舞弊、弄虚作假、玩忽职守、违反回避原则的,应当承担相关责任。

4. 评审备案的基本程序

(1) 申请。凡申请矿产资源储量评审备案的矿业权人,应在勘查或采矿许可证有效期内向自然资源主管部门提交矿产资源储量评审备案申请、矿产资源储量信息表和矿产资源储量报告。凡申请压覆重要矿产资源储量评审备案的建设单位,应提交矿产资源储量评审备案申请、矿产资源储量信息表和建设项目压覆重要矿产资源评估报告。自然资源主管部门应将评审备案工作纳入政务服务系统,实现评审备案申请互联网远程申报。

(2) 受理。对于符合评审备案范围和权限、申请材料齐全、符合规定形式,或申请人按照要求提交全部补正申请材料的,自然资源主管部门应当受理,并书面告知申请人。申请材料不齐全或不符合规定形式的,自然资源主管部门应当场或在 5 个工作日内一次性告知申请人需要补正的全部内容;逾期不告知的,自收到申请材料之日起即为受理。

(3) 现场核查。首次申请评审备案的矿产资源储量规模为大型,非油气矿产累计查明矿产资源量或油气矿产探明地质储量变化量达到大型,以及评审备案过程中存疑的,自然资源主管部门应组织现场核查,并形成现场核查报告,作为评审备案的依据。

(4) 评审备案。矿产资源储量报告原则上采取会议审查方式,特殊情况下可采取函审方式。重点对工业指标、地质勘查及研究程度、开采技术条件、矿石加工选冶技术性能研究和综合勘查综合评价等进行审查,依据评审会议及现场核查情况形成矿产资源储量评审意见书。矿产资源储量评审机构完成评审后,应及时将评审意见书和相关材料报自然资源主管部门备案。自然资源主管部门应对评审机构报送的评审意见书和相关材料,就评审机构、评审专家及评审程序等进行合规性检查,对符合要求的出具备案证明。自然资源主管部门自受理之日起 60 个工作日内完成评审备案,并书面告知申请人评审备案结果。

(5) 数据报送。根据评审意见书结论予以评审备案后,应填写矿产资源储量评审备案信息表,并将评审备案结果纳入矿产资源储量数据库。自然资源主管部门应加强矿产资源储量评审备案信息化建设,统一技术要求,实现全国数据互通共享。自然资源主管部门还应按评审备案权限通过门户网站向社会公开评审备案情况,涉及国家秘密的除外。

四、矿产资源储量统计管理

矿产资源储量统计,是指县级以上自然资源主管部门对矿产资源储量变化情况进行统计的活动。自然资源部负责全国矿产资源储量统计管理,县级以上地方自然资源主管部门负责辖区内的矿产资源储量统计管理。矿产资源储量统计的范围包括勘查开采查明的、建设项目压覆的、关闭矿山残留的(含闭坑、政策性关闭和采矿权公示注销)矿产资源储量及其变动情况。

对于勘查开采查明的矿产资源储量及其变动情况,由矿业权人填写矿产资源储量统计相关数据表,报送相应自然资源主管部门。其中,石油、天然气、页岩气、天然气水合物、放射性矿产的数据报自然资源部,其他矿产的数据报矿业权所在地县级自然资源主管部门。

对于建设项目压覆的矿产资源储量及其变动情况,已完成矿产资源储量评审备案的,由自然资源主管部门按照评审备案权限及时将评审备案信息更新到矿产资源储量数据库,其中建设项目压覆的矿产资源储量经压覆审批的,由负责评审备案的自然资源主管部门根据压覆审批情况及时将压覆的矿产资源储量更新到矿产资源储量数据库。

对于关闭矿山残留的矿产资源储量及其变动情况,由矿产资源所在地县级或市级自然资源主管部门负责数据填报,但涉及石油、天然气、页岩气、天然气水合物、放射性矿产由自然资源部负责。

矿产资源储量统计,应当使用由自然资源部统一制订并经国家统计局批准的《矿产资源储量统计基础表》《矿产资源储量统计信息表》《矿产资源储量结算统计信息表》及填报说明。采矿权人应根据矿山储量年报填写《矿产资源储量统计基础表》,报送矿产资源储量年度变化情况等信息。油气探矿权人、采矿权人发现控制地质储量、预测地质储量或其他矿产探矿权人查明的矿产资源储量(探矿权转采矿权情形的除外),应填写《矿产资源储量统计信息表》。非油气矿产原则上以闭坑地质报告为依据,无闭坑地质报告则以最近年度矿山储量年报为依据,由自然资源主管部门填写《矿产资源储量统计信息表》,并于矿山关闭年度的下一年录入矿产资源储量数据库;油气矿产以储量结算报告为依据,由矿业权人填写《油气矿产资源储量结算统计信息表》,于储量结算年度的下一年报自然资源部。采矿权人填写的《矿产资源储量统计基础表》信息应与矿山储量年报一致,油气矿业权或其他矿产探矿权人填写的矿产资源储量统计信息应与其依据的矿产资源储量报告一致,一致性纳入矿业权人勘查开采信息公示工作抽查范围。自然资源主管部门要加强对统计资料的审核和汇总分析,逐级统计上报。对《矿产资源储量统计基础表》发生重大变化(累计查明矿产资源量变化量超过30%或达到中型规模以上)的数据信息,要认真核实并提交文字说明。要严格矿产资源储量统计资料审核,对审核中发现的问题必要时应组织开展统计调查,矿业权人应如实提供相关数据资料。

矿产资源储量统计以年度为统计周期。矿业权人应于每年1月底前,填写矿产资源储量统计相关数据表,报送相应自然资源主管部门。市、县级自然资源主管部门应于每年1月底前完成上一年度关闭矿山残留的矿产资源储量统计数据入库工作。省级自然资源主管部门应于每年3月底前将审核确定的统计资料上报自然资源部。自然资源主管部门对已完成矿产资源储量评审备案的、建设项目压覆重要矿产资源审批的矿产资源储量数据,应在10个工作日内纳入评审备案数据共享平台,并在当年内入库。

全国矿产资源储量统计信息由自然资源部定期向社会发布,县级以上地方自然资源主管部门应在门户网站及时发布辖区内的矿产资源储量统计信息。矿产资源储量统计信息发布时,应严格执行《固体矿产资源储量分类》(GB/T 17766—2020)等标准和文件要求。发布矿产资源储量统计信息或提供有关信息服务时,应当严格遵守国家保密和政府信息公开法律法规,对于矿产资源储量统计中涉及的国家秘密、属于单个统计调查对象的商业秘密、个人信息和重要数据,应当予以保密。油气矿业权人发现的控制地质储量、预测地质储量和其他矿产探矿权人查明的矿产资源储量(探矿权转采矿权情形的除外),主要用于矿产资源储量管理和基础研究工作,不纳入矿产资源储量统计信息发布范围。

第三节 矿业权管理

一、矿业权审批管理

1. 审批权限的调整

虽然在矿产资源管理改革前后,中国矿业权审批都实行分级审批,但权限的划分模式却有所不同。矿产资源管理改革之前,探矿权审批由部、省两级负责,而采矿权审批由部、省、市、县四级负责。探矿权的审批权限按照勘查主矿种、勘查区块面积和勘查投资额等划分,部级负责的探矿权审批范围包括石油、烃类天然气、煤成(层)气、放射性矿产,煤炭勘查区块面积 30 km² 以上的勘查项目,钨、锡、锑、稀土勘查区块面积 15 km² 以上或勘查投资 500 万元以上的勘查项目,油页岩、金、银、铂、锰、铬、钴、铁、铜、铅、锌、铝、镍、钼、磷、钾、锶、铌、钽勘查投资 500 万元以上的勘查项目,海域(含内水)和跨省(区、市)的矿产勘查,其他情形的探矿权审批由省级负责。采矿权的审批权限按照开采主矿种、矿床储量规模等划分,部级负责的采矿权审批范围包括石油、烃类天然气、煤成(层)气、放射性矿产,钨、锡、锑、稀土储量规模中型以上的矿床,煤、油页岩、金、银、铂、锰、铬、钴、铁、铜、铅、锌、铝、镍、钼、磷、钾、锶、金刚石、铌、钽储量规模大型以上的矿床,海域(含内水)和跨省(区、市)开采矿产资源,省、市、县级负责的采矿权审批由各省(区、市)再做进一步规定。矿产资源管理改革之后,实行同一矿种探矿权、采矿权出让登记同级审批管理,以解决同一矿种探矿权、采矿权不同层级管理给矿业权人带来的不便。部级负责石油、烃类天然气、页岩气、天然气水合物、放射性矿产、钨、稀土、锡、锑、钼、钴、锂、钾盐、晶质石墨 14 种重要战略性矿产的矿业权审批,省级负责战略性矿产中大宗矿产的矿业权审批,其他矿种的矿业权审批由省、市、县三级负责。以湖北省为例,省级负责煤炭、煤层气、铁、铬、铜、铝、金、镍、锆、磷矿、萤石 11 种战略性矿产,以及地热、油页岩、二氧化碳气、银、铂、锰、铅、锌、硫、锶、金刚石、铌、钽、石棉、矿泉水 15 种重要矿产及宝玉石的矿业权审批,其他矿种的矿业权审批由市、县两级负责。

2. 审批的主要类型

《中华人民共和国矿产资源法》第三条第三款规定,勘查、开采矿产资源,必须依法分别申请,经批准取得探矿权、采矿权,并办理登记。因此,矿业权审批是法定的审批事项,包括勘查矿产资源审批和开采矿产资源审批两种基本类型。

(1) 勘查矿产资源审批。勘查矿产资源审批主要包括新设探矿权登记、探矿权延续登记、探矿权保留登记、探矿权变更登记和探矿权注销登记5种类型。

新设探矿权登记,是指探矿权申请人向勘查登记管理机关申请探矿权,由登记管理机关审批登记,并颁发勘查许可证。申请人原则上应为营利法人或非营利法人中的事业单位法人,且申请人在 90 日内未注销该申请区块范围内的探矿权,在 6 个月内未被吊销过勘查许可证。申请人的资金能力应与申请的勘查矿种、勘查面积和勘查工作阶段相适应。申请勘查项目应符合生态环境保护、矿产资源规划及国家产业政策等政策要求,申请勘查区块面积不得大于允许登记的最大范围。除特殊情形外,申请勘查区域不得与已设矿业权垂直投影范围重叠。勘查实施方案应当符合地质勘查规程、规范和标准,计划勘查资金投入不得低于法定最低勘查投入要求。探矿权出让方式符合规定,需要进行探矿权有偿处置的已按规定处置。

探矿权延续登记,是指因需要延长勘查工作时间,探矿权人在勘查许可证有效期届满的 30 日前,到登记管理机关办理延续登记手续,每次延续时间不得超过 2 年。《自然资源部关于推进矿产资源管理改革若干事项的意见(试行)》出台之后,以出让方式设立的探矿权每次延续时间调整为 5 年。非油气探矿权申请延续登记时,应提高符合规范要求的勘查阶段,未提高勘查阶段则应扣减不低于首设勘查许可证载明勘查面积(已提交资源量的范围、已设采矿权矿区范围垂直投影的上部或深部勘查除外)的 25%。探矿权延续登记,有效期起始日原则上为原勘查许可证有效期截止日。

探矿权保留登记,是指在勘查许可证有效期内探明可供开采的矿体后,经登记管理机关批准,探矿权人可以在勘查许可证有效期届满的 30 日前,申请保留探矿权。同时,还可以停止相应区块的最低勘查投入。勘查项目已探明可供开采的矿体,首次申请探矿权保留,应依据经资源储量评审备案的地质报告,并达到相应的勘查程度。资源储量规模达到大中型的煤和大型非煤探矿权申请保留,应达到勘探程度;其他探矿权申请保留,应达到详查及以上程度;已设采矿权垂直投影范围内的探矿权首次申请保留,应达到详查及以上程度。

探矿权变更登记,是指在探矿权的有效期内,由于发生一定的法定事由,引起探矿权有关内容的变化,由探矿权人提出申请,经登记管理机关批准登记,并改变探矿权相应内容的过程。探矿权变更的法定事由主要包括:扩大勘查区块范围(含合并);缩小勘查区块范围(含分立);改变勘查工作对象;经依法批准转让探矿权;探矿权人改变名称或地址。非油气探矿权申请变更主体,以申请在先、招标、拍卖、挂牌方式取得的,应持有探矿权满

2年或持有探矿权满1年且提交经资源储量评审备案的普查及以上地质报告；以协议方式取得的，应持有探矿权满10年，未满10年需按协议出让探矿权的要件要求及程序办理。非油气探矿权申请变更勘查矿种，以招标、拍卖、挂牌或协议方式取得且出让时已有约定的，从其约定；以招标、拍卖、挂牌或协议方式取得但出让时没有约定及以申请在先方式取得，勘查主矿种为金属类矿产的探矿权可申请勘查矿种变更为其他金属类矿产，依据经资源储量评审备案的普查及以上地质报告提出申请。铀矿探矿权人原则上不得申请变更勘查矿种。

探矿权注销登记，是指探矿权人由于一定的法定事由，经登记管理机关批准，放弃探矿权。探矿权注销的法定事由主要包括：勘查许可证有效期届满，不办理延续登记或不申请保留探矿权；探矿权保留期届满；申请采矿权；因故需要撤销勘查项目。

（2）开采矿产资源审批。开采矿产资源审批主要包括开采矿产资源划定矿区范围批准、新设采矿权登记、采矿权延续登记、采矿权变更登记和采矿权注销登记5种类型。

开采矿产资源划定矿区范围批准，是指登记管理机关对申请人提出的拟开采矿产资源的矿区范围依法审查批准，而矿区范围则是指可供开采矿产资源范围、井巷工程设施分布范围或露天剥离范围的立体空间区域。以招标、拍卖、挂牌等竞争方式及协议方式出让采矿权的，由登记管理机关确定出让的矿区范围，而探矿权人申请采矿权的，矿区范围要通过登记管理机关审查批准划定矿区范围申请确定。因此，划定矿区范围的申请人为探矿权人，且原则上应为营利法人。申请范围不属于不得开采矿产资源的地区，一般不与其他矿业权垂直投影范围重叠，符合矿产资源规划和国家调控政策。矿区范围的确定应依据经评审备案的矿产资源储量报告，地质勘查工作程度达到规定要求。资源储量规模为大型的非煤矿山、大中型煤矿依据的矿产资源储量勘查程度应当达到勘探程度，其他矿山应当达到详查及以上程度，砂石土等以招标、拍卖、挂牌方式直接出让采矿权的勘查程度由各省（区、市）自行规定。探矿权人申请采矿权，划定矿区范围预留期保持到其采矿登记申请批准并领取采矿许可证之日，预留期内探矿权人应在勘查许可证有效期届满30日前申请保留探矿权。以招标、拍卖、挂牌等竞争方式及协议方式出让采矿权，办理采矿登记时限在采矿权出让合同中约定。

新设采矿权登记，是指采矿权申请人向开采登记管理机关申请采矿权，由登记管理机关审批登记，并颁发采矿许可证。申请人原则上应为营利法人，与矿业权登记管理机关已签订采矿权出让合同，且在两年内未被吊销过采矿许可证。外商投资企业申请限制类矿种采矿权，应当出具有关部门的项目核准文件。申请人在划定矿区范围预留期内或采矿权出让合同约定期限内提出采矿权登记申请，申请登记的矿区范围符合矿产资源规划和国家产业政策，一般不得与已设矿业权垂直投影范围重叠。采矿权申请人可按要求自行编制或委托有关机构编制矿产资源开发利用方案，登记管理机关不得指定特定中介机构提供服务。矿产资源开发利用方案、矿山地质环境保护与土地复垦方案经评审通过，采矿权出让方式符合相关规定，涉及矿业权有偿处置的已按规定完成处置。探矿权转采矿权的,准予采矿权新立登记后,申请人应申请注销原探矿权,并凭探矿权注销通知领取采矿许可证。

采矿权延续登记,是指采矿权人在采矿许可证有效期届满 30 日前,到登记管理机关办理延续登记手续。采矿许可证有效期按照矿山建设规模确定:大型以上的,采矿许可证有效期最长为 30 年;中型的,采矿许可证有效期最长为 20 年;小型的,采矿许可证有效期最长为 10 年。采矿许可证有效期届满仍需要继续采矿,可申请办理采矿权延续登记,满足矿山设计服务年限的需要。采矿权延续登记的次数不受限制。因不可抗力等非申请人自身原因,申请人无法按规定提交采矿权延续申请资料,在申请人提交能够说明原因的相关证明材料后,登记管理机关可根据实际情况延续 2 年,并在采矿许可证副本注明其原因和要求。

采矿权变更登记,是指在采矿权的有效期内,由于发生一定的法定事由,引起采矿权有关内容的变化,由采矿权人提出申请,经登记管理机关批准登记,重新核发采矿许可证,并改变采矿权相应内容的过程。采矿权变更的法定事由主要包括:扩大或缩小矿区范围;变更主要开采矿种;变更开采方式;变更采矿权人名称;经依法批准转让采矿权。申请变更主要开采矿种,应依据经评审备案的储量评审意见书提出申请,第三类矿产的采矿权不允许变更开采矿种。变更为国家实行开采总量控制的矿种,还应符合国家有关宏观调控规定和开采总量控制要求。申请采矿权转让变更,受让人原则上也应为营利法人,并承继该采矿权的权利、义务。国有矿山企业申请办理采矿权转让变更登记,应持主管部门同意转让的批准文件。人民法院将采矿权拍卖或裁定给他人,受让人应依法向登记管理机关申请变更登记。

采矿权注销登记,是指采矿权人在采矿许可证有效期内或有效期届满,自决定停办或者关闭矿山之日起 30 日内,向原登记发证机关申请办理采矿许可证注销登记手续。停办矿山是指采矿权人合法持有的采矿许可证所核定的矿区范围内的矿产资源尚未完全开采完毕的情况下,因某种原因停止生产,终止采矿活动的一种行为;关闭矿山是指采矿权人合法持有的采矿许可证中所标定的矿区范围内的矿产资源开采完毕,终止采矿活动的行为。关闭矿山,必须提出矿山闭坑报告及有关采掘工程、不安全隐患、土地复垦利用、环境保护的资料,并按照国家规定报请审查批准。停办矿山而矿产资源尚未采完的,必须采取措施将资源保持在能够继续开采的状态。采矿权人应提交关闭矿山报告或完成报告、终止报告,完成有关土地复垦和矿山地质环境治理恢复工作,涉及有偿处置的还应按规定完成处置。

二、矿业权人的权利和义务

1. 探矿权人的权利和义务

探矿权人享有的权利包括:按照勘查许可证规定的区域、期限、工作对象进行勘查;在勘查作业区及相邻区域架设供电、供水、通信管线,但是不得影响或者损害原有的供电、供水设施和通信管线;在勘查作业区及相邻区域通行;根据工程需要临时使用土地;优先取得勘查作业区内新发现矿种的探矿权;优先取得勘查作业区内矿产资源的采矿权;自行销售勘查中按照批准的工程设计施工回收的矿产品,但是国务院规定由指定单位统一收购的矿产品除外。探矿权人行使这些权利时,有关法律、法规规定应当经过批准或者履行其他手续的,应当遵守有关法律、法规的规定。

探矿权人应当履行的义务包括:在规定的期限内开始施工,并在勘查许可证规定的期限内完成勘查工作;向勘查登记管理机关报告开工等情况;按照探矿工程设计施工,不得擅自进行采矿活动;在查明主要矿种的同时,对共生及伴生矿产资源进行综合勘查、综合评价;编写矿产资源勘查报告,提交有关部门审批;按照国务院有关规定汇交矿产资源勘查成果档案资料;遵守有关法律、法规关于劳动安全、土地复垦和环境保护的规定;勘查作业完毕,及时封填探矿作业遗留的井、硐或者采取其他措施,消除安全隐患。

2. 采矿权人的权利和义务

采矿权人享有的权利包括:按照采矿许可证规定的开采范围和期限从事开采活动;自行销售矿产品,但是国务院规定由指定的单位统一收购的矿产品除外;在矿区范围内建设采矿所需的生产和生活设施;根据生产建设的需要依法取得土地使用权。采矿权人行使这些权利时,法律、法规规定应当经过批准或履行其他手续的,依照有关法律、法规的规定办理。

采矿权人应当履行的义务包括:在批准的期限内进行矿山建设或开采;有效保护、合理开采、综合利用矿产资源;依法缴纳资源税和矿业权出让收益;遵守国家有关劳动安全、水土保持、土地复垦和环境保护的法律、法规;接受自然资源主管部门和有关主管部门的监督管理,按照规定填报矿产储量表和矿产资源开发利用情况统计报告。

三、矿业权人勘查开采信息公示管理

1. 矿业权人勘查开采信息的定义与内容

矿业权人勘查开采信息是指矿业权人从事矿产资源勘查开采活动过程中形成的年度信息和自然资源主管部门在履行职责过程中产生的能够反映矿业权人状况的信息。

矿产资源勘查年度信息主要包括探矿权基本信息、探矿权人履行义务信息、当年勘查投资和主要实物工作量、矿产勘查项目合作情况等内容。其中,探矿权基本信息包括勘查许可证号、探矿权人名称、探矿权人地址、勘查项目名称及地理位置、勘查面积、有效期限、勘查单位名称、发证机关、发证时间和勘查活动依据的勘查实施方案等;探矿权人履行义务信息包括实际勘查矿种、年度勘查投入情况、矿业权出让收益缴纳情况等;当年勘查投资和主要实物工作量包括勘查投资及分项核算,钻探、坑探、槽探、浅井、地震等实物工作量;矿产勘查项目合作情况包括合作人、股权比例、出资方式等。

矿产资源开采年度信息主要包括采矿权基本信息、采矿权人履行义务信息、矿产资源合理开发利用指标等内容。其中,采矿权基本信息包括采矿许可证号、采矿权人名称、矿山名称及地址、经济类型、开采矿种、开采方式、生产规模、矿区面积、有效期限、发证机关、发证时间和开采活动依据的矿产资源开发利用方案等;采矿权人履行义务信息包括依法依规开发利用矿产资源情况和矿山储量年报、矿产开发利用统计报送情况,矿业权出让收益等费用缴纳情况和矿山地质环境保护与治理恢复方案执行情况、土地复垦方案执行情况等;矿产资源合理开发利用指标包括矿山基本情况、开采回采率、选矿回收率、综合利用率等指标。

自然资源主管部门履职产生的信息主要包括对矿业权人的日常监管信息和异常名录、严重违法名单管理信息等。

2. 矿业权人勘查开采信息公示的主要环节

(1) 矿业权人信息填报。凡持有勘查许可证、采矿许可证的矿业权人,都应按要求填报矿产资源勘查开采年度信息并公示。上一年度新设立矿业权至当年底不满 6 个月的,参加下一年度信息填报和公示。自然资源部和省级自然资源主管部门均在门户网站设"矿业权人勘查开采信息公示系统"专栏,矿业权人登录勘查项目或矿山所在地的省级自然资源主管部门门户网站进行填报。矿业权人应于每年 1 月 1 日至 3 月 31 日,通过信息公示系统填报上一年度矿产资源勘查开采年度信息,并向社会公示。在年度信息填报期间,矿业权人发现其填报和公示的信息存在不准确、错误、遗漏的,可进行更正,更正前后信息同时公示。矿业权人勘查开采信息公示应真实、及时,公示信息涉及国家秘密、国家安全或社会公共利益的,应报请主管的保密行政管理部门或国家安全机关批准。县级以上自然资源主管部门公示的矿业权人勘查开采信息涉及矿业权人商业秘密或个人隐私的,应报请上级主管部门批准。矿业权人勘查开采信息涉及保密而不能公示的,年度信息直接报送省级自然资源主管部门。

(2) 公示信息抽查。公示信息抽查包括随机抽查和专项抽查两种类型。省级自然资源主管部门结合矿产资源勘查项目和矿山情况,区分不同地区、不同规模等,依据勘查许可证或采矿许可证编号等,按照公平规范的要求随机摇号确定抽查名单,抽取比例不低于各类勘查项目或矿山总数的 5%。根据需要还应增加对重点勘查项目和矿山的抽查,根据矿业秩序等情况开展专项抽查。自然资源主管部门应于每年 4 月 1 日至 9 月 30 日,对矿业权人公示信息进行抽查。抽查勘查项目和矿山名单工作应在 4 月底之前完成,并通过信息公示系统公示;在 9 月底之前应完成全部抽查工作,并将结果通过信息公示系统公示。自然资源部负责全国矿业权人勘查开采公示信息抽查管理工作,对地方自然资源主管部门的信息抽查工作进行检查,省级自然资源主管部门负责组织开展本辖区矿业权人勘查开采公示信息抽查工作。上级自然资源主管部门可以委托下级自然资源主管部门进行检查。

（3）公示信息核查。公示信息核查对象包括随机抽查、专项抽查、社会举报或列入异常名录和严重违法名单的勘查项目或矿山。对摇号确定抽查的勘查项目或矿山，应全部开展实地核查，全面核查矿业权人公示信息情况。实地核查可以委托有关专业机构开展相关工作。公民、法人或其他组织发现矿业权人公示的信息虚假的，可向自然资源主管部门举报。自然资源主管部门接到举报后应当进行核查处理，并将处理情况书面告知举报人。要加大对列入异常名录和严重违法名单的矿业权人勘查开采活动的监督管理，对列入异常名录的每年实地核查至少1次，对列入严重违法名单的每年实地核查至少2次。自然资源主管部门组织对勘查项目和矿山进行实地核查，应随机选派核查人员，核查人员不少于3人。核查流程包括确定核查对象、组建核查组、印发核查通知、内业整理、现场核查、意见沟通反馈、编写核查报告7个步骤，核查方法有矿业权人自查、资料查阅、凭证比对、调查询问、现场查看等。探矿权核查包括基本信息、勘查实施方案、勘查工程抽查、开工或项目备案情况、在批准范围内勘查情况、封井（填）地质环境保护与土地复垦情况、费金缴纳情况、自然资源主管部门行政处罚和整改情况等内容，采矿权核查包括基本情况、开发利用方案情况、标识制度落实情况、资源合理利用情况、在批准范围内开采情况、矿山储量年度管理制度落实情况、矿山地质环境保护与土地复垦情况、费金缴纳情况、自然资源主管部门行政处罚和整改情况等内容。实地核查人员对矿业权人公示信息进行核查，如实记录核查情况，并由被抽查勘查项目或矿山的矿业权人盖章或负责人签字确认。无法取得签字盖章的，核查人员应当注明原因，必要时邀请有关人员作为见证人。自然资源主管部门自核查结束之日起20个工作日内，将核查结果记录在该矿业权人公示信息中，并通过信息公示系统公示。

（4）异常名录和严重违法名单管理。自然资源主管部门负责其登记的矿业权人异常名录和严重违法名单管理工作。如果截至年度信息填报结束之日矿业权人仍未按规定公示年度信息，发现并查实矿业权人年度信息隐瞒真实情况、弄虚作假，或发现并查实矿业权人未履行法定义务或履行法定义务不到位，自然资源主管部门应在20个工作日内作出将矿业权人列入异常名录的决定，并通过信息公示系统公示。如果矿业权人已补报未报年份的年度信息并公示，已更正隐瞒或虚假信息并公示，或已按规定履行义务并公示，由作出列入决定的自然资源主管部门将其移出异常名录。自然资源主管部门将被列入异常名录的矿业权人移出的，应自查实之日起20个工作日内作出移出异常名录的决定，并在信息公示系统公示。矿业权人被列入异常名录满3年仍未按规定公示信息的，应将其列入严重违法名单，并通过信息公示系统向社会公示。矿业权人自被列入严重违法名单之日起满5年未再发生列入异常名录事由的，由作出列入严重违法名单决定的自然资源主管部门将其移出严重违法名单。将列入严重违法名单的矿业权人移出的，应当自查实之日起20个工作日内作出移出决定，并在信息公示系统公示。矿业权人对被列入异常名录或严重违法名单有异议的,可以自公示之日起 20 日内向作出决定的自然资源主管部门提出书面申请并提交相关证明材料。自然资源主管部门应在核实情况后的 20 个工作日内,将核实结果书面告知申请人。自然资源主管部门发现将矿业权人列入异常名录或严重违法名单存在错误的,应自查实之日起 20 个工作日予以更正。自然资源主管部门在自然资源专项资金审批、自然资源领域工程招投标、国有土地出让、矿业权申请审批、授予荣誉称号等工作中,将矿业权人勘查开采信息公示结果作为重要考量因素,对矿业权人被列入异常名录的应依法予以限制,对矿业权人被列入严重违法名单的应依法予以禁入。矿业权人被列入异常名录或严重违法名单的,自然资源主管部门应依法对其违法违规行为进行处罚。自然资源主管部门在履行职责过程中作出的对矿业权人的异常名录、严重违法名单管理信息和行政处罚信息等,由作出决定的自然资源主管部门登录省级以上自然资源主管部门门户网站进行填写和公示。

主要参考文献

曹华文,张寿庭,裴秋明,2015.中国锡矿资源概况[J].地质论评,61(增刊):802-803.

陈恩静,2020.中国钢铁出口遭受贸易保护主义的特点、影响及应对[J].中国经贸导刊(10):26-28.

陈敏,孟刚,苗琦,等,2020.我国矿产资源储量管理现状、问题及建议[J].中国矿业,29(7):16-19,24.

陈其慎,王安建,王高尚,等,2011.矿产资源需求驱动因素及全球矿业走势分析[J].中国矿业,20(1):6-9,22.

成金华,刘凯雷,徐德义,等,2021.战略性关键矿产资源可供性研究现状与展望[J].河北地质大学学报,44(2):95-103.

成金华,易佳慧,吴巧生,2021.碳中和、战略性新兴产业发展与关键矿产资源管理[J].中国人口·资源与环境,31(9):135-142.

成金华,朱永光,徐德义,等,2022.战略性关键矿产可供性评价方法研究现状及展望[J].中国地质大学学报(社会科学版),22(4):38-49.

崔彬,牛建英,李超峰,等,2015.现代矿产资源经济学[M].北京:中国人民大学出版社.

崔立伟,夏浩东,王聪,等,2012.中国铁矿资源现状与铁矿实物地质资料筛选[J].地质与勘探,48(5):894-905.

方贵聪,王登红,陈毓川,等,2020.南岭萤石矿床成矿规律及成因[J].地质学报,94(1):161-178.

干勇,彭苏萍,毛景文,等,2022.我国关键矿产及其材料产业供应链高质量发展战略研究[J].中国工程科学,24(3):1-9.

高芯蕊,王安建,2010.基于"S"规律的中国钢需求预测[J].地球学报,31(5):645-652.

龚婷,郑明贵,2014.基于BP神经网络的我国铜矿产资源需求情景分析[J].有色金属科学与工程,5(1):99-106.

郭娟,闫卫东,崔荣国,等,2019.我国矿产资源形势回顾与展望[J].国土资源情报(12):46-51.

哈依那尔·塔汉,2018.关于加强矿产资源储备战略的研究[J].城市地理(8):158.

贾芝锡,1992.矿产资源经济学[M]北京:地震出版社.

江光宇,张照志,王贤伟,等,2017.中国铝土矿可供性分析[J].地球学报,38(1):85-93.

鞠立新,2021.建设绿色矿山[N].人民日报(海外版),2021-11-09(08).

李天骄,梁海峰,李建武,等,2019.基于Hubbert峰值模型的中国有色金属产量峰值研究[J].中国矿业,28(7):75-80.

李杨,2018.矿产资源行业供给侧结构性改革重点[J].时代金融(4):31,33.

吕宾,2007.矿产资源经济分析的理论与方法[J].中国国土资源经济(9):15-17.

毛景文,宋世伟,刘敏,等,2022.稀土矿床:基本特点与全球分布规律[J].地质学报,96(11):3675-3697.

聂宾汗,陈甲斌.2023.我国矿产资源安全供给主要风险及保供措施研究[J].经济师(6):43-44.

潘弘,2012.矿产品价格预测模型及应用研究[D].长沙:中南大学.

任彦瑛,2021.中国铜矿资源的现状及潜力分析[J].中国金属通报(1):5-6.

沈镭,武娜,钟帅,等.2017.经济新常态下中国矿业供给侧改革发展战略研究[J].中国人口·资源与环境,27(7):8-17.

孙莉,肖克炎,娄德波,2018.中国铝土矿资源潜力预测评价[J].地学前缘,25(3):82-94.

孙晓丹,2017.我国金属矿产资源储备管理研究[J].中国市场(26):237-238.

唐珏,2022.改善矿产资源供需矛盾的税费制度思考与建议[J].财政科学,81(9):115-124.

陶菊春,2005.趋势外推预测模型的识别与选择研究[J].西北师范大学学报(自然科学版),41(6):14-17.

田慧芳,2021.新能源时代,战略性矿产资源全球布局与竞争[J].世界知识(17):60-61.

王安建,高芯蕊,2020.中国能源与重要矿产资源需求展望[J].中国科学院院刊,35(3):338-344.

王安建,王高尚,周凤英,2017.能源和矿产资源消费增长的极限与周期[J].地球学报,38(1):3-10.

王安建,王高尚,陈其慎,等,2010.矿产资源需求理论与模型预测[J].地球学报,31(2):137-147.

王成,2020.中国铜矿成矿类型、成矿规律及找矿方法思考[J].中国金属通报(5):38,40.

王成龙,王士强,张洪涛,等,2017.我国金矿资源现状及其可持续发展研究[J].中国矿山工程,46(6):42-45.

王海军,薛亚洲,2017.我国矿产资源节约与综合利用现状分析[J].矿产保护与利用(2):1-5,12.

王璐璐,倪培,戴宝章,等,2020.湖南柿竹园钨锡钼铋多金属矿床含矿云英岩脉的流体包裹体研究[J].南京大学学报(自然科学版),56(5):653-665.

王升辉,孙婷婷,赵亚利,等,2014.我国主要矿产资源供需分析[J].中国矿业,23(8):19-22.

王素萍,2017.我国矿产资源储量管理现状、问题与建议[J].发展研究(8):60-65.

王雪峰,2022.关于提升中国矿产资源初级产品供给保障能力的思考[J].发展研究(5):37-45.

文博杰,陈毓川,王高尚,等,2019.2035年中国能源与矿产资源需求展望[J].中国工程科学,21(1):68-73.

吴初国,汤文豪,张雅丽,等,2021.新时代我国矿产资源安全的总体态势[J].中国矿业,30(6):9-15.

武捷,赵曦,2014.浅析我国金属矿产资源储备体系的构建[J].黑龙江科技信息(1):71.

徐占忱,2023.我国战略性矿产资源供给保障:总体环境、主要短板与体系构建[J].学术交流(6):105-119.

颜玲亚,高树学,陈正国,等,2018.中国石墨矿成矿特征及成矿区带划分[J].中国地质,45(3):421-440.

杨建锋,马腾,王尧,等,2017.我国矿产资源开采与消费变化趋势[J].国土资源情报(12):41-46.

张长青,芮宗瑶,陈毓川,等,2013.中国铅锌矿资源潜力和主要战略接续区[J].中国地质,40(1):248-272.

张苏江,张立伟,张彦文,等,2020.国内外稀土矿产资源及其分布概述[J].无机盐工业,52(1):9-16.

张艳飞,安政臻,梁帅,等,2022.石墨矿床分布特征、成因类型及勘查进展[J].中国地质,49(1):

135-150.

赵一鸣,2013. 中国主要富铁矿床类型及地质特征[J]. 矿床地质,32(4):686-705.

中华人民共和国自然资源部,2019. 中国矿产资源报告2019[M]. 北京:地质出版社.

中华人民共和国自然资源部,2022. 中国矿产资源报告2022[M]. 北京:地质出版社.

自然资源部,2022. 2021年全国矿产资源储量统计表[EB/OL]. (2022-08-26)[2024-05-23]. https://www.mnr.gov.cn/sj/sjfw/kc_19263/kczycltjb/202208/t20220826_2757756.html.

左芝鲤,成金华,郭海湘,2021. 新时代我国矿产资源安全浅析[J]. 中国国土资源经济,34(11):54-61,83.

ELSHKAKI A, GRAEDEL T E, CIACCI L, et al. ,2016. Copper demand, supply, and associated energy use to 2050[J]. Global Environmental Change,39:305-315.

JAUNKY V C,2012. Is there a material Kuznets curve for aluminium? evidence from rich countries [J]. Resources Policy,37(3):296-307.

RIDDLE M, MACAL C M, CONZELMANN G, et al. ,2015. Global critical materials markets:an agent-based modeling approach [J]. Resources Policy,45:307-321.

SUSLICK S B, HARRIS D P, 1990. Long-range metal consumption forecasts using innovative methods:the case of aluminium in Brazil to the year 2000[J]. Resources Policy,16(3):184-199.

SVERDRUP H U, RAGNARSDOTTIR K V, KOCA D, 2014. On modelling the global copper mining rates, market supply, copper price and the end of copper reserves [J]. Resources, Conservation & Recycling,87:158-174.

SVERDRUP H U, 2016. Modelling global extraction, supply, price and depletion of the extractable geological resources with the LITHIUM model[J]. Resources, Conservation and Recycling, 114:112-129.

U. S. GEOLOGICAL SURVEY, 2023. Mineral commodity summaries 2023[EB/OL]. (2024-05-10)[2024-05-23]. https://pubs.usgs.gov/periodicals/mcs2023/mcs2023.pdf.

VAN DER VOET E, VAN OERS L, VERBOON M, et al. ,2019. Environmental implications of future demand scenarios for metals:methodology and application to the case of seven major metals[J]. Journal of Industrial Ecology,23(1):141-155.

WAGNER L A, 2002. Materials in the economy:material flows, scarcity, and the environment [EB/OL]. [2024-04-23]. https://pubs.usgs.gov/circ/2002/1221/report.pdf.

YANG H C, ZHANG S, YE W F, et al. , 2020. Emission reduction benefits and efficiency of e-waste recycling in China[J]. Waste Management,102:541-549.